Terrinen, Rillettes, Pasteten & Wurst

Für Catherine, Cécile und Thomas, die unser Leben und unsere Leidenschaften teilen.

Gilles & Nicolas Verot

TERRINEN RILLETTES PASTETEN & WURST

81 Charcuterie-Rezepte zum Selbstmachen

FOTOGRAFIERT VON DAVID JAPY UND ILLUSTRIERT VON ÉLIANE CHEUNG

CHRISTIAN

CHARCUTERIE-SPEZIALITÄTEN ZU HAUSE SELBST HERZUSTELLEN IST NICHT SCHWER. UM DAS ZU BEWEISEN, HABEN WIR DIESES BUCH GESCHRIEBEN.

Wir, Vater und Sohn, sind Charcutiers und arbeiten zusammen in unserem Pariser Familienunternehmen »Maison Verot«, das 1930 gegründet wurde. Zusammen mit unserem Team bemühen wir uns Tag für Tag aufs Neue, qualitativ hochwertige Produkte herzustellen, die uns guttun und schonend mit den Ressourcen umgehen.

Unser Buch stellt traditionelle Charcuterie-Rezepte vor, die ihre Wurzeln in der bäuerlichen Küche der ländlichen Regionen Frankreichs haben, bietet aber auch leichtere, gemüsebetonte Kreationen an, die dem Zeitgeschmack entgegenkommen. Neben Klassikern wie der *pâté de campagne* stehen moderne Interpretationen wie beispielsweise Rillettes auf Gemüsebasis.

Wir haben alle Rezepte unter den Bedingungen einer normal ausgestatteten Durchschnittsküche realisiert, häufig nur mit einem Messer, einer Schüssel, einer Form und einem Backofen. Deshalb konnten wir einige Klassiker der traditionellen Charcuterie wie Blutwurst, Schinken oder *saucisson* nicht in dieses Buch aufnehmen. Wir wollten ausschließlich Rezepte vorstellen, die auch am heimischen Herd gelingen.

Uns liegt sehr viel daran, unser Wissen und Können weiterzugeben und den Stil von Maison Verot auch der Alltagsküche zugänglich zu machen. Deshalb haben wir für die Rezepte drei Vorgaben formuliert: Die Zutaten müssen leicht zu finden sein, die Grundausstattung einer Küche muss ausreichen, und die Verwendung von Fachbegriffen soll nach Möglichkeit vermieden werden.

Dementsprechend richtet sich unser Buch an alle Liebhaber guter Charcuterie. Ob noch unerfahren oder bereits versiert: Jeder wird hier das Richtige finden und die eine oder andere Herausforderung sicher gern annehmen.

GILLES UND NICOLAS VEROT

INHALT

DIE GRUNDAUSSTATTUNG

Für die allermeisten Rezepte in diesem Buch braucht man nicht mehr als ein Messer, eine Schüssel und eine Form. Wer jedoch regelmäßig Charcuterie selbst herstellen möchte, kann sich die Arbeit mit einigen Hilfsmitteln sehr erleichtern.

OFFICEMESSER

Ein kleines, handliches Messer, perfekt geeignet für das Zerkleinern von Gemüse oder Früchten.

KOCHMESSER

Ein Universalwerkzeug zum Schneiden und Hacken von Fleisch und größeren Zutaten aller Art.

SPARSCHÄLER

Ein idealer Helfer, um Obst und Gemüse dünn und effizient zu schälen.

TERRINENFORM

Die traditionelle Form zur Herstellung zahlreicher Charcuterie-Spezialitäten.

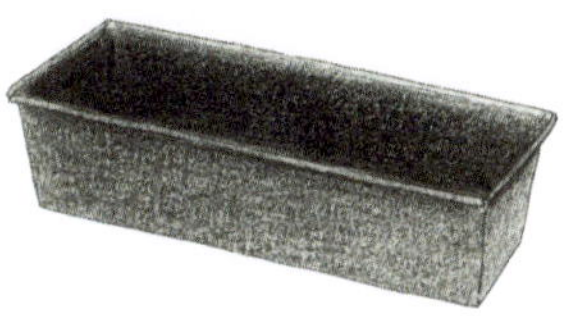

KASTENFORM

In Ermangelung einer Terrinenform kann auch eine Kastenform verwendet werden.

BRATPFANNE

Nützlich zum raschen Anbraten von Fleischstücken und zum Garen bestimmter Zubereitungen.

TOPF

Unverzichtbar, wenn es um die Zubereitung von Rillettes und Sülze geht.

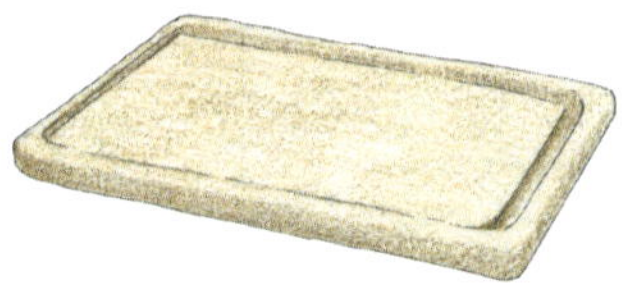

SCHNEIDEBRETT

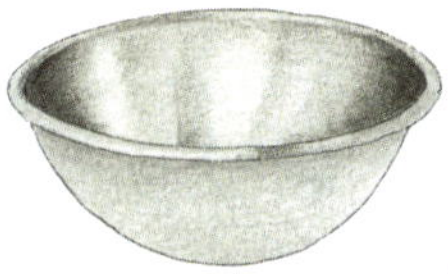

SCHÜSSEL

Sie sollte das Zwei- bis Dreifache der zu verarbeitenden Fleischmenge fassen können.

NUDELHOLZ

SPATEL

PINSEL

KÜCHENWAAGE

DARF ES ETWAS MEHR SEIN?

Wenn man den Wunsch hat, auch anspruchsvollere Rezepte in Angriff zu nehmen, lohnt sich die Anschaffung einiger spezieller Utensilien, darunter bestimmte Messer, ein Fleischwolf und ein Wurstfüller.

AUSBEINMESSER

Ein mittelgroßes Messer mit langer, schmaler, spitz zulaufender Klinge, um Knochen, Haut und Sehnen vom Fleisch zu lösen.

PASTETENMESSER

Mit der gezahnten Klinge, dünner als die eines Brotmessers, lassen sich Pasteten am besten in Scheiben schneiden.

WETZSTAHL

Werkzeug zum regelmäßigen Abziehen von Messerklingen, um ihre Schärfe zu erhalten und ihre Lebensdauer zu verlängern.

FLEISCHWOLF

Anders als in einem Mixer wird das Fleisch hier nicht mit rotierenden Messern zerschnitten, sondern durch grobe, mittlere oder feine Lochscheiben gedreht.

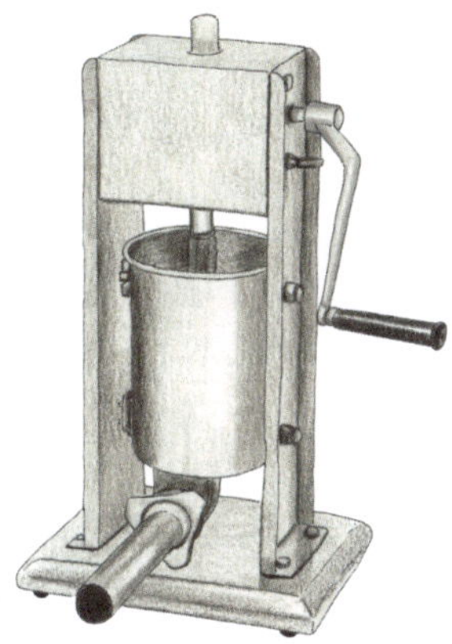

WURSTFÜLLER

Gerät zum Einfüllen der vorbereiteten Wurstmasse in einen Naturdarm.

PASTETENFORM

Die rechteckige Form aus Edelstahl oder Weißblech hat aufklappbare Seitenwände, sodass man eine Pastete in der Teigkruste unbeschädigt herausnehmen kann.

SPEZIALITÄTEN FÜR ZU HAUSE

Die französische Charcuterie ist in ihrer Vielfalt unerreicht. Terrinen, Pasteten mit und ohne Teigkruste, Sülze, Rillettes und Würste – die Grundlage ist immer zerkleinertes, fein gewürztes Fleisch, das in einer Form, in Topf oder Pfanne oder auch im Naturdarm gegart wird. Während sich gepökelte und geräucherte Zubereitungen oder Blutwurst zu Hause nur schwer herstellen lassen, sind die hier vorgestellten Spezialitäten sehr gut am heimischen Herd zu realisieren.

SPEZIALITÄTEN FÜR ZU HAUSE

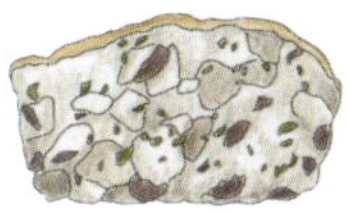

PASTETE

Eine Schüsselpastete, französisch *pâté*, besteht aus einer oder mehreren Sorten Fleisch, das fein zerkleinert wird. Die Masse wird in einer Form im Backofen gegart, abgekühlt und vorzugsweise mit Raumtemperatur serviert.

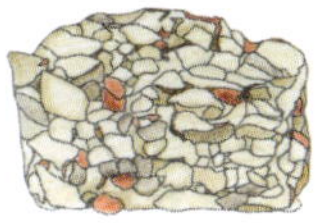

TERRINE

Ebenfalls eine Schüsselpastete. Der wesentliche Unterschied zur *pâté* besteht darin, dass die Zutaten in etwas gröbere Stücke geschnitten sind.

RILLETTE

Brotaufstrich aus Fleischstücken, die viele Stunden in Fett gegart und anschließend faserig zerteilt werden. Es gibt auch Varianten aus Gemüse oder Fisch.

SÜLZE

Kalte Speise aus vorgegarten und in Stücke geschnittenen Zutaten, die in eine Form gefüllt und zur Bindung mit einem heißen, aromatisierten Gelee übergossen werden.

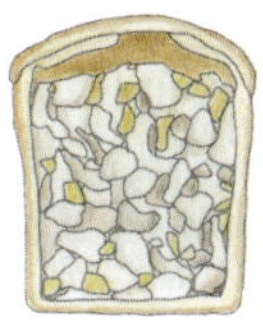

PASTETE IM TEIG

Eine würzige Farce wie bei Pasteten oder Terrinen wird in Mürbeteig gehüllt und in einer Metallform mit aufklappbaren Seitenwänden gebacken. Die Pastete kann warm oder auf Raumtemperatur abgekühlt serviert werden.

TOURTE

Eine mit verschiedenen Zutaten gefüllte herzhafte Blätterteigpastete. Die Tourte wird warm serviert.

BRATWURST

Eine in einen Naturdarm gefüllte Masse aus zerkleinertem, mit Kräutern oder Gewürzen aromatisiertem Fleisch.

DAS FLEISCH

Die wichtigste Zutat für französische Charcuterie ist Schweinefleisch. Aber auch viele andere Fleischsorten können Verwendung finden, entweder anstelle von oder zusammen mit Schweinefleisch. Das verwendete Fleisch trägt viel zum spezifischen Charakter eines Produkts bei.

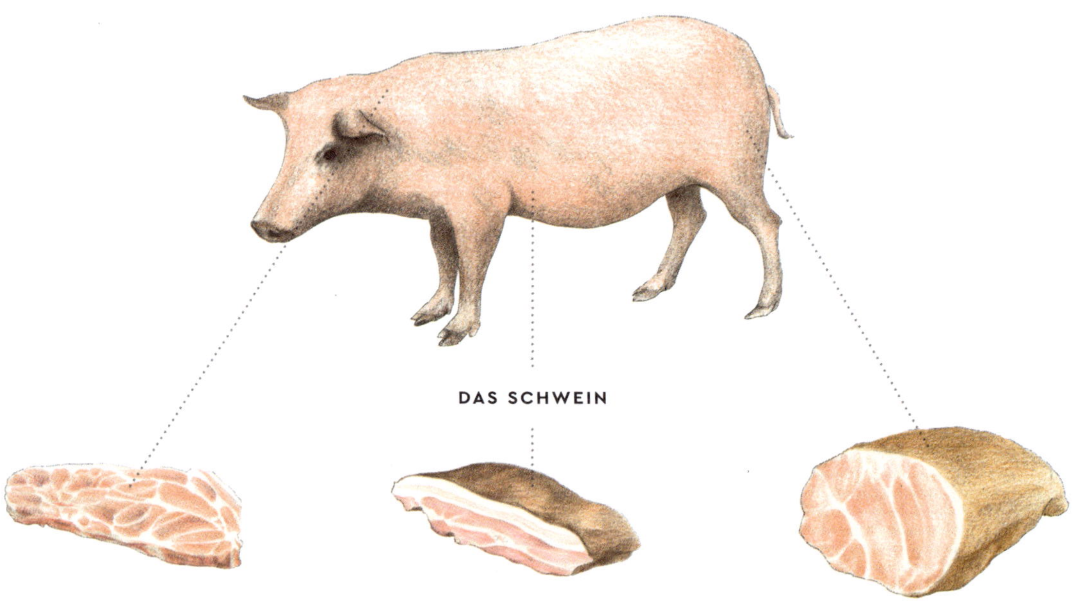

SCHWEINENACKEN eignet sich perfekt für Rillettes.

SCHWEINEBAUCH, von Fettschichten durchzogen, ist ideal für Pasteten und Terrinen.

SCHWEINEKEULE wird für ihr mageres Fleisch geschätzt, insbesondere in Pasteten und Terrinen.

WELCHES FLEISCH WOFÜR?

ENTE

In erster Linie werden die Brustfilets verwendet; die weiblichen sind zarter und saftiger, die männlichen schmecken würziger. Entenfleisch kann wie Hähnchenfleisch verwendet werden, hat aber einen deutlich kräftigeren Geschmack und verleiht den Produkten einen besonderen Charakter.

RIND

Rindfleisch wird in der Charcuterie selten verwendet, aber einige Teile sind geradezu perfekt dafür geeignet. Die zarten Bäckchen oder auch das saftige Schulterstück können zu köstlichen Rillettes oder Sülzen verarbeitet werden.

WILD

Fleisch von Wild und Wildgeflügel wird in der Charcuterie gern verwendet, um die Palette der Aromen zu erweitern. Allerdings muss dabei der oft intensive Hautgout berücksichtigt werden. Man kann Schweinefleisch vollständig durch Wildschweinfleisch ersetzen, aber um Pasteten und Terrinen geschmacklich abzurunden, empfiehlt es sich, nicht ganz auf Schweinefleisch zu verzichten.

KANINCHEN

Das zarte, magere Kaninchenfleisch wird sehr geschätzt und ähnlich wie Geflügel verwendet. Die Keulen eignen sich perfekt für Rillette oder Sülze, während der Rücken für Terrinen verwertet werden kann.

KALB

Als Ersatz für Schweinefleisch eignet sich Kalbfleisch am besten. Die Anteile von Fett und Muskelfleisch stehen in einem ausgewogenen Verhältnis, sodass für Farcen, Pasteten und Terrinen Kalbsbrust anstelle von Schweinebauch verwendet werden kann, ohne dass die Textur leidet.

HUHN

Hähnchenfleisch wird gern zusammen mit Schweinefleisch verwendet, da es sehr mager ist und sich problemlos verarbeiten und integrieren lässt. Für Terrinen und Pasteten im Teigmantel empfiehlt sich die Verwendung des in Würfel geschnittenen Filets, während die Keulen zu köstlichen Rillettes oder Sülzen verarbeitet werden können.

WURST, SPECK & SCHINKEN

◆ ◆ ◆

Für die Herstellung unserer hausgemachten Charcuterie greifen wir immer wieder auf Speck, Schinken und Wurst zurück. Es gibt gepökelte und anschließend luftgetrocknete oder geräucherte Produkte.

GEPÖKELT, LUFTGETROCKNET ODER GERÄUCHERT?

Unter Pökeln versteht man die Behandlung von Fleisch mit Salz, um es länger haltbar zu machen. Beim Nasspökeln wird das Fleisch in eine Salzlake eingelegt. Beim Trockenpökeln wird das Fleisch mit Salz eingerieben, anschließend lässt man es eine bestimmte Zeit lang trocknen, etwa für Parmaschinken oder Coppa.

Unter Räuchern versteht man die Behandlung von Lebensmitteln mit Rauch zur Erhöhung ihrer Haltbarkeit. Außerdem werden Farbe, Textur und Geschmack durch die Bildung zusätzlicher Aromen positiv beeinflusst. Räucherspeck, Schwarzwälder Schinken und viele Würste werden geräuchert.

WIE VERWENDET MAN WURST, SPECK UND SCHINKEN IN DER CHARCUTERIE?

MIT CHORIZO ANREICHERN

Um einer Terrine eine besondere Note zu verleihen, kann man in kleine Würfel geschnittene Chorizo unter die Farce mengen. Der intensive, würzige Geschmack dieser Wurst bereichert manche Zubereitungen. Als Alternative bietet sich luftgetrockneter Schinken an, in schmale Streifen geschnitten.

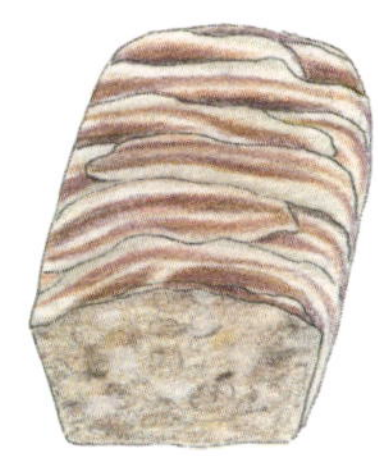

MIT SPECKSCHEIBEN ABDECKEN

Die Farce von Pasteten oder Terrinen wird häufig mit dünnen Scheiben Räucherspeck belegt. Diese Schutzschicht verhindert das Austrocknen während des Garens und sorgt zusätzlich für ein feines Raucharoma.

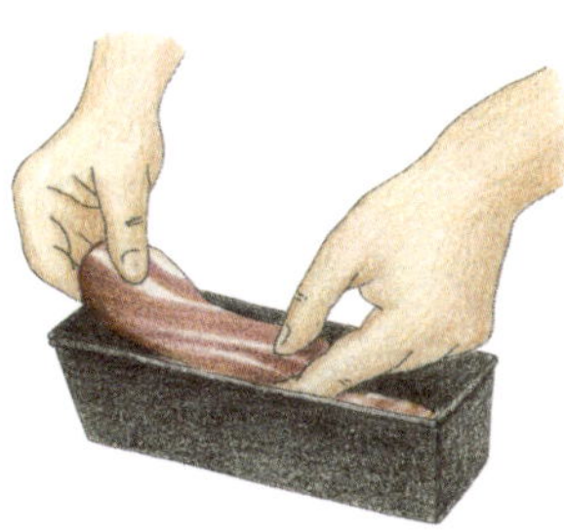

MIT LONZU ANREICHERN

Lonzu, geräuchertes und luftgetrocknetes Schweinefilet, ist eine korsische Spezialität. Beim Einschichten der Zutaten für eine Sülze kann man eine Lage Lonzu in die Mitte geben, um der fertigen Sülze einen herzhafteren Charakter zu verleihen.

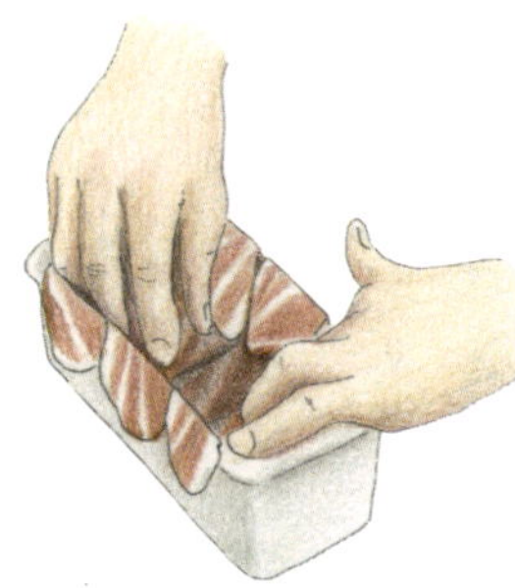

MIT COPPA AUSKLEIDEN

Coppa ist eine traditionelle italienische Spezialität aus dem Schweinenacken. Wenn man eine Kastenform vor dem Einschichten einer Sülze mit dünnen Coppa-Scheiben auslegt, lässt sich ein sehr schöner optischer und geschmacklicher Effekt erzielen.

PASTETEN

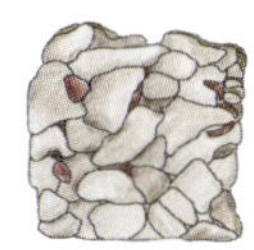

ZERKLEINERN & MISCHEN

◆ ◆ ◆

Das sorgfältige Würfeln und das anschließende Durchkneten der Fleischstücke ist die Grundvoraussetzung für das Gelingen einer Pastete. Das gleichmäßige Zerkleinern sorgt für eine homogene, cremige Konsistenz, das Durchkneten für die notwendige Bindung, damit die Pastete nicht auseinanderfällt. Zunächst werden die Schweinebauchstücke durchgeknetet, anschließend die weiteren Zutaten dazugegeben. Auf diese Weise wird das natürliche Kollagen des Fleisches aktiviert und die fertige Pastete lässt sich problemlos in schöne Scheiben schneiden.

SCHRITT FÜR SCHRITT ZERKLEINERN

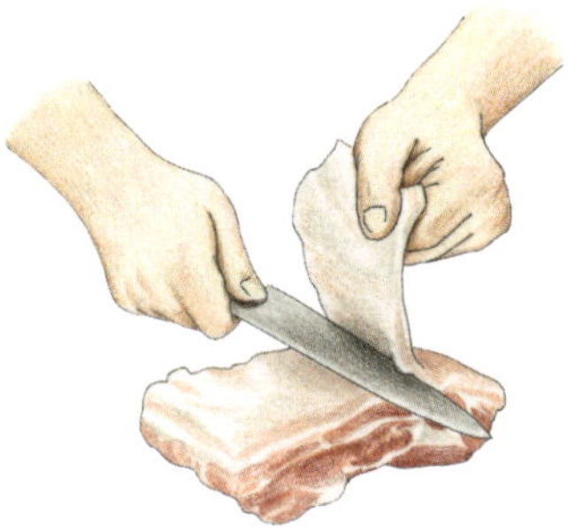

SCHRITT 1

Die Haut (bei Schweinebauch die Schwarte) entfernen, aber die darunterliegende Fettschicht auf dem Fleisch lassen.

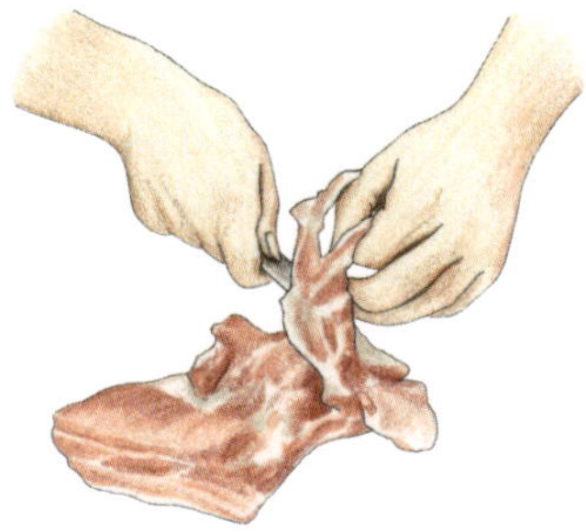

SCHRITT 2

Falls nötig, die Knochen auslösen.

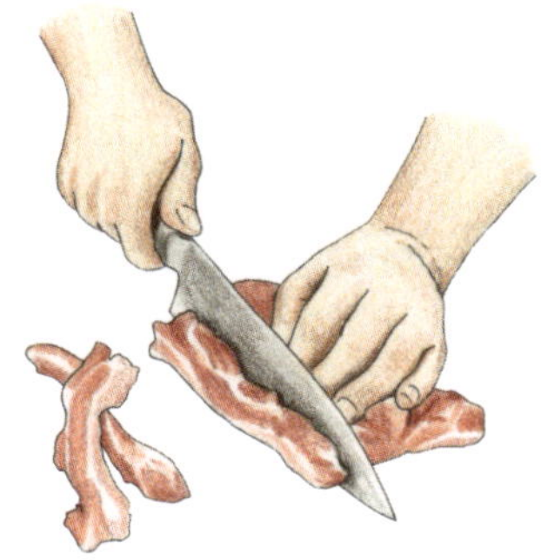

SCHIRTT 3

Das Fleisch mit einem Kochmesser der Länge nach in dünne Scheiben schneiden.

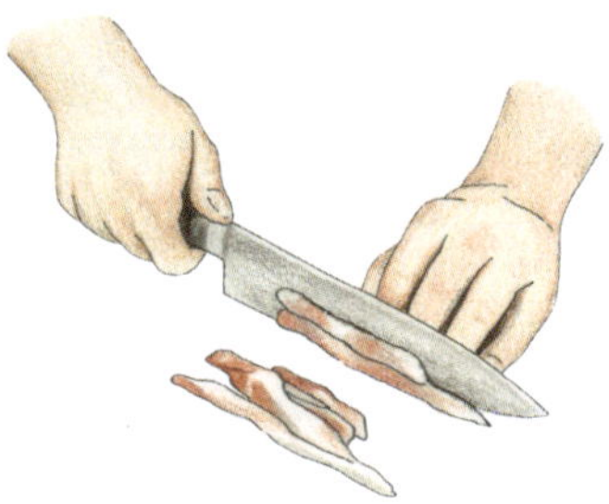

SCHRITT 4

Die Scheiben in Streifen schneiden.

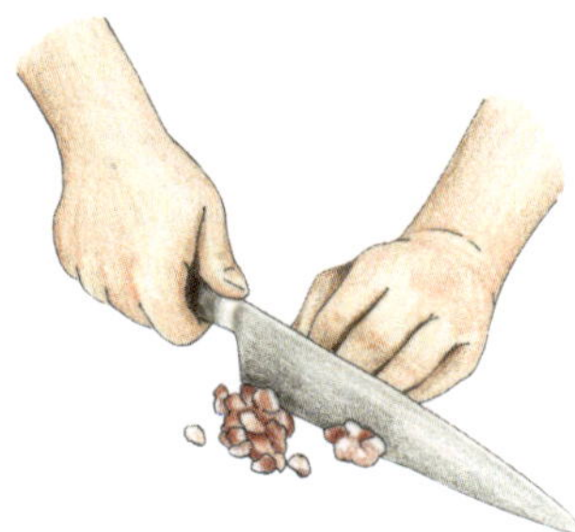

SCHRITT 5

Die Streifen in kleine Würfel mit etwa 7 mm Kantenlänge schneiden.

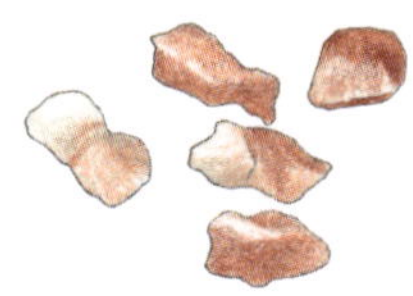

Fleischstücke in Originalgröße.

SCHRITT FÜR SCHRITT MISCHEN

SCHRITT 1

Die Fleischwürfel in eine Schüssel geben und mit der Faust 2 Minuten kräftig bearbeiten.

SCHRITT 2

Mit der Hand etwa 5 Minuten (oder 3 Minuten in der Küchenmaschine mit dem Flachrührer auf niedrigster Stufe) durchkneten, bis das Fleisch klebrig geworden ist.

ZUBEREITUNG
90 Minuten

GARZEIT
90 Minuten

RUHEZEIT
1 Nacht

PASTETEN

DIE LÄNDLICHE

◆ ◆ ◆

ZUTATEN

650 g Schweinebauch wie gewachsen (500 g netto)
250 g Schweineleber
1 Knoblauchzehe
1 mittelgroße Zwiebel (65 g)
1 ½ Schalotten (30 g)
6 Stängel glatte Petersilie
15 g Butter
3 gestrichene TL Salz
4 Prisen Pfeffer aus der Mühle
2 Eier
50 g flüssige süße Sahne

6 PERSONEN

Aus dem Schweinebauch falls nötig die Knochen auslösen. Die Schwarte abschneiden, die darunterliegende Fettschicht aber nicht entfernen. Den Schweinebauch und die Leber separat in etwa 7 mm große Würfel schneiden (s. S. 21). Beiseitestellen.

Den Knoblauch, die Zwiebel, die Schalotten und die Petersilienblätter separat hacken.

Die Butter in einer Pfanne bei mittlerer Hitze zerlassen. Die Zwiebelwürfel in die Pfanne geben. Nach etwa 1 Minute den Knoblauch, die Schalotten und die Petersilie hinzufügen und etwa 3 Minuten anschwitzen, bis alles weich ist.

Die Schweinebauchwürfel in eine Schüssel (oder in die Küchenmaschine mit Flachrührereinsatz) geben, salzen und pfeffern und mit der Hand (oder auf niedriger Stufe in der Maschine) bearbeiten (s. S. 21).

Die Eier und die Sahne dazugeben und untermengen, bis eine homogene Farce entstanden ist.

Leber, Zwiebel, Knoblauch, Schalotte und Petersilie dazugeben und die Masse 5 Minuten kräftig mit der Hand durchkneten (oder auf niedriger Stufe in der Küchenmaschine bearbeiten). Die Masse in eine ofenfeste Form füllen und gut festdrücken.

Die Form in den kalten Backofen schieben. Die Temperatur auf 160 °C Umluft einstellen und die Pastete 90 Minuten garen.

Falls nötig, den Rand der Form mit Küchenpapier abwischen, solange sie noch heiß ist.

Die Pastete bei Raumtemperatur 60 Minuten ruhen lassen, dann über Nacht in den Kühlschrank stellen. 30 Minuten vor dem Servieren herausnehmen.

Reste im Kühlschrank aufbewahren und innerhalb von 4 Tagen verbrauchen.

REZEPT GETESTET VON

EMMA GABOLA

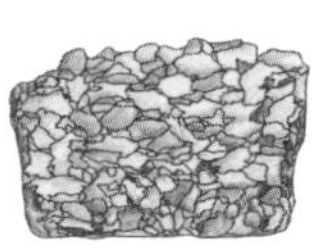

»Erstaunlich einfach, selbst für eine Anfängerin. Einfach köstlich!«

ZUBEREITUNG
90 Minuten

GARZEIT
90 Minuten

RUHEZEIT
1 Nacht

PASTETEN

DIE BRETONISCHE

◆ ◆ ◆

ZUTATEN

700 g Schweinebauch mit Schwarte am Stück (oder 500 g Schweinebauch plus 200 g Schwarte)
750 ml Rotwein
2 frische Lorbeerblätter, plus mehr zum Garnieren
500 g Schweineleber
1 kleine Zwiebel (50 g)
4 Stängel glatte Petersilie
1 Zweig Thymian, plus mehr zum Garnieren
3 gestrichene TL Salz
5 Prisen Pfeffer aus der Mühle
2 Eier
50 g flüssige süße Sahne

6 PERSONEN

REZEPT GETESTET VON

PAULINE LABROUSSE

»Die in Rotwein gegarte und anschließend gehackte Schwarte steuert viel Geschmack und eine sehr interessante Textur bei.«

Aus dem Schweinebauch falls nötig die Knochen herauslösen. Die Schwarte abtrennen, die darunterliegende Fettschicht aber nicht entfernen (s. S. 21). Die Schwarte beiseitelegen.

550 ml Rotwein in einen kleinen Topf gießen und mit 1 Lorbeerblatt zum Kochen bringen. Die Schwarte hineingeben und bei niedriger Temperatur 60 Minuten köcheln lassen. Sie ist gar, wenn sie sich mit einer Gabel leicht durchstechen lässt.

Die Leber von Adern und Bindegewebe befreien. Den Schweinebauch und die Leber separat in 7 mm große Würfel schneiden (s. S. 21). Beiseitestellen.

Zwiebel, Petersilie, Thymian und das restliche Lorbeerblatt fein hacken.

Die Schweinebauchwürfel in eine Schüssel (oder in die Küchenmaschine mit Flachrührereinsatz) geben, mit dem Salz und dem Pfeffer bestreuen und mit der Hand (oder auf niedriger Stufe in der Maschine) bearbeiten (s. S. 21).

Eier und Sahne dazugeben und alles kräftig vermengen, bis eine homogene Konsistenz erreicht ist. Leber, Zwiebel, Petersilie, Lorbeerblatt, Thymian und die restlichen 200 ml Rotwein hinzufügen und 2 Minuten untermengen.

Die gegarte Schwarte fein hacken, zu den übrigen Zutaten in die Schüssel geben und die Masse 5 Minuten kräftig mit der Hand durchkneten (oder auf niedriger Stufe in der Küchenmaschine bearbeiten).

Die Masse in eine ofenfeste Form füllen und gut festdrücken, mit Lorbeer und Thymian garnieren. Die Form in den kalten Backofen schieben, die Temperatur auf 160 °C Umluft einstellen und die Pastete 90 Minuten garen.

Falls nötig, den Rand der Form mit Küchenpapier abwischen, solange sie noch heiß ist.

Die Pastete bei Raumtemperatur 60 Minuten ruhen lassen, dann über Nacht in den Kühlschrank stellen. 30 Minuten vor dem Servieren herausnehmen.

Reste im Kühlschrank aufbewahren und innerhalb von 4 Tagen verbrauchen.

ZUBEREITUNG	GARZEIT	RUHEZEIT
90 Minuten	90 Minuten	1 Nacht

PASTETEN

GROSSMUTTER-ART

◆ ◆ ◆

ZUTATEN

650 g Schweinebauch wie gewachsen (500 g netto)
350 g Geflügelleber
50 g Weißbrot
6 Stängel glatte Petersilie
2 Schalotten (50 g)
100 g flüssige süße Sahne
3 gestrichene TL Salz
4 Prisen Pfeffer aus der Mühle
2 Eier

6 PERSONEN

Aus dem Schweinebauch falls nötig die Knochen auslösen. Die Schwarte abschneiden, die darunterliegende Fettschicht aber nicht entfernen (s. S. 21).

Den Schweinebauch, die Geflügelleber und das Brot separat in 7 mm große Würfel schneiden (s. S. 21).

Die Petersilienblätter und die Schalotten fein hacken.

Die Sahne in einen Topf gießen, das Brot zugeben und bei mittlerer Temperatur 5 Minuten ziehen lassen. Die Petersilie und die Schalotten hinzufügen und weitere 2 Minuten köcheln lassen.

Die Schweinebauchwürfel in eine Schüssel (oder in die Küchenmaschine mit Flachrührereinsatz) geben, mit dem Salz und dem Pfeffer bestreuen und mit der Hand (oder auf niedriger Stufe in der Maschine) bearbeiten (s. S. 21).

Die Eier in die Schüssel geben und alles gründlich zu einer homogenen Masse verarbeiten. Die Leber und die Sahne-Brot-Petersilien-Schalotten-Mischung hinzufügen und die Masse 5 Minuten kräftig mit der Hand durchkneten (oder auf niedriger Stufe in der Küchenmaschine bearbeiten). Die Masse in eine ofenfeste Form füllen und gut festdrücken.

Die Form in den kalten Backofen schieben, die Temperatur auf 160 °C Umluft einstellen und die Pastete 90 Minuten garen.

Falls nötig, den Rand der Form mit Küchenpapier abwischen, solange sie noch heiß ist.

Die Pastete bei Raumtemperatur 60 Minuten ruhen lassen, dann über Nacht in den Kühlschrank stellen. 30 Minuten vor dem Servieren herausnehmen.

Reste im Kühlschrank aufbewahren und innerhalb von 4 Tagen verbrauchen.

REZEPT GETESTET VON

ANNE ETORRE

»Ein tolles Rezept! Ich habe die Pastete morgens zubereitet und mir am nächsten Abend zum Aperitif schmecken lassen.«

ZUBEREITUNG
90 Minuten

GARZEIT
90 Minuten

RUHEZEIT
1 Nacht

PASTETEN

KANINCHEN & HASELNÜSSE

◆ ◆ ◆

ZUTATEN

650 g Schweinebauch wie gewachsen (500 g netto)
1 kg Kaninchenkeulen
150 g Haselnusskerne, plus mehr zum Garnieren
3 gestrichene TL Salz
4 Prisen Pfeffer aus der Mühle
1 Ei
50 g flüssige süße Sahne

6 PERSONEN

REZEPT GETESTET VON

SABINE HOUPLAIN

»Eine köstliche Pastete, mit einem grünen Salat ein wunderbar leichtes sommerliches Mittagessen.«

Aus dem Schweinebauch falls nötig die Knochen auslösen. Die Schwarte abschneiden, die darunterliegende Fettschicht aber nicht entfernen. Den Schweinebauch in 7 mm große Würfel schneiden (s. S. 21).

Die Kaninchenkeulen entbeinen und ebenfalls in 7 mm große Würfel schneiden.

Die Haselnusskerne halbieren.

Die Schweinebauchwürfel in eine Schüssel (oder in die Küchenmaschine mit Flachrührereinsatz) geben, mit dem Salz und dem Pfeffer bestreuen und mit der Hand (oder auf niedriger Stufe in der Maschine) bearbeiten (s. S. 21).

Das Ei und die Sahne zugeben und alles gründlich zu einer homogenen Masse verarbeiten.

Das Kaninchenfleisch und die Haselnüsse dazugeben und die Masse 5 Minuten kräftig mit der Hand durchkneten (oder auf niedriger Stufe in der Küchenmaschine bearbeiten). Die Masse in eine ofenfeste Form füllen und gut festdrücken. Mit Haselnusskernen garnieren.

Die Form in den kalten Backofen schieben, die Temperatur auf 160 °C Umluft einstellen und die Pastete 90 Minuten garen.

Falls nötig, den Rand der Form mit Küchenpapier abwischen, solange sie noch heiß ist.

Die Pastete bei Raumtemperatur 60 Minuten ruhen lassen, dann über Nacht in den Kühlschrank stellen. 30 Minuten vor dem Servieren herausnehmen.

Reste im Kühlschrank aufbewahren und innerhalb von 4 Tagen verbrauchen.

STAUB
STAUB

ZUBEREITUNG 90 Minuten | **GARZEIT** 75 Minuten | **RUHEZEIT** 1 Nacht

PASTETEN

ENTE & BIRNE

◆ ◆ ◆

ZUTATEN

1 feste Birne
650 g Schweinebauch wie gewachsen (500 g netto)
800 g Entenbrustfilet
3 gestrichene TL Salz
5 Prisen Pfeffer aus der Mühle
1 Ei
50 g flüssige süße Sahne

6 PERSONEN

Die Birne in den kalten Backofen legen. Die Temperatur auf 160 °C Umluft einstellen und die Birne 30 Minuten garen. Herausnehmen, aber den Backofen nicht ausschalten.

Aus dem Schweinebauch falls nötig die Knochen auslösen. Die Schwarte abschneiden, die darunterliegende Fettschicht aber nicht entfernen. Den Schweinebauch und die Entenbrustfilets separat in 7 mm große Würfel schneiden (s. S. 21). Beiseitestellen.

Die gegarte Birne schälen, vierteln und das Kerngehäuse entfernen. Das Fruchtfleisch ebenfalls in 7 mm große Würfel schneiden. Beiseitestellen.

Die Schweinebauchwürfel in eine Schüssel (oder in die Küchenmaschine mit Flachrührereinsatz) geben, mit dem Salz und dem Pfeffer bestreuen und mit der Hand (oder auf niedriger Stufe in der Maschine) bearbeiten (s. S. 21).

Das Ei und die Sahne dazugeben und alles gründlich zu einer homogenen Masse verarbeiten.

Die Entenbrust- und Birnenwürfel hinzufügen und die Masse 5 Minuten kräftig mit der Hand durchkneten (oder auf niedriger Stufe in der Küchenmaschine bearbeiten). Die Masse in eine ofenfeste Form füllen und gut festdrücken.

Die Form in den heißen Backofen schieben und die Pastete 75 Minuten garen.

Falls nötig, den Rand der Form mit Küchenpapier abwischen, solange sie noch heiß ist.

Die Pastete bei Raumtemperatur 60 Minuten ruhen lassen, dann über Nacht in den Kühlschrank stellen. 30 Minuten vor dem Servieren herausnehmen.

Reste im Kühlschrank aufbewahren und innerhalb von 4 Tagen verbrauchen.

REZEPT GETESTET VON

GILLES & NICOLAS

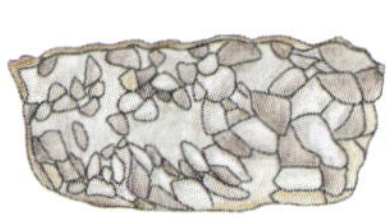

»Die Birne steuert eine schöne Süße bei.«

GEWÜRZE

FEINE AROMEN FÜR GUTE CHARCUTERIE

◆ ◆ ◆

Gewürze gehören einfach zur Charcuterie, aber sie sollten sparsam eingesetzt werden. In den meisten Rezepten dienen sie der geschmacklichen Abrundung und dürfen sich keinesfalls in den Vordergrund drängen. Bei einigen Zubereitungen spielen sie allerdings eine tragende Rolle, wie beispielsweise in der Ententerrine mit grünem Pfeffer.

WELCHES GEWÜRZ PASST WOZU?

PFEFFER

Das für Charcuterie meistverwendete Gewürz ist der Pfeffer (denn Salz gehört nicht zu den Gewürzen). Es gibt schwarzen, weißen, grünen und sogar roten Pfeffer. Unabhängig von ihrer Herkunft (wie Penja-Pfeffer aus Kamerun, Kampot-Pfeffer aus Kambodscha) empfiehlt sich für alle Sorten, sie nur frisch gemahlen zu verwenden. Mit der Auswahl eines bestimmten Pfeffers für eine Charcuterie entscheiden Sie über den Charakter des Produkts.

PAPRIKA

Ein aus Gewürzpaprikaschoten gewonnenes, mehr oder minder scharfes Pulver mit einer leicht süßlichen Note, das sich in geräucherter und auch ungeräucherter Form hervorragend für die geschmackliche Abrundung von Pasteten, Terrinen und Würsten eignet. Mit Paprikapulver kann selbst ein klassisches Rezept zu einer wahren Geschmacksexplosion werden.

MUSKATNUSS

Muskatnuss eignet sich gut, um Pasteten und Terrinen aromatisch abzurunden. Ihre intensive Würze sollte allerdings vorsichtig dosiert werden. In der Regel wird ein Drittel der Pfeffermenge veranschlagt.

ZIMT

Gemahlener Zimt passt ebenso zu süßen wie zu herzhaften Speisen. Auch Zubereitungen aus herzhaften und süßen Komponenten wie beispielsweise einer Hähnchenterrine mit Äpfeln verleiht das Gewürz eine interessante Geschmacksnote.

CHILI

Die scharfen Gewürze werden häufig mit spanischen Wurstwaren assoziiert, aber sparsam verwendet, eignen sie sich hervorragend für französische Spezialitäten wie Terrinen, Rillettes und Würste. Es gibt verschiedene Sorten mit unterschiedlicher Schärfe wie beispielsweise Piment d'Espelette, Jalapeños oder Cayennepfeffer.
Die verwendete Menge sollte sich nach der jeweiligen Schärfeverträglichkeit richten.

CURRY

Eine Gewürzmischung, die traditionellen Rezepten einen Hauch von Exotik verleiht. Eine mit Curry gewürzte Geflügelterrine ist immer ein Genuss!

ZUBEREITUNG
90 Minuten

GARZEIT
90 Minuten

RUHEZEIT
1 Nacht

PASTETEN

DIE BASKISCHE

◆ ◆ ◆

ZUTATEN

650 g Schweinebauch wie gewachsen (500 g netto)
500 g Schweinenacken
10 g frische Gorria-Chilischote (oder 3 gestrichene TL Salz
3 Prisen Pfeffer aus der Mühle
1 TL gemahlenes Piment d'Espelette)
1 Ei
50 g flüssige süße Sahne
50 g Kirschkonfitüre

6 PERSONEN

REZEPT GETESTET VON

ZANA MURAT

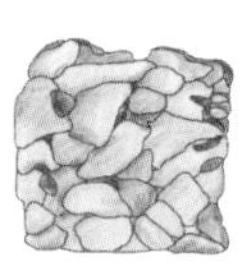

»Köstliches und sehr einfaches Rezept. In Essig eingelegte Kirschen passen gut zu dieser Pastete. Die Form nicht zu groß wählen.«

Aus dem Schweinebauch falls nötig die Knochen auslösen. Die Schwarte abschneiden, die darunterliegende Fettschicht aber nicht entfernen.

Schweinebauch und Schweinenacken separat in 7 mm große Würfel schneiden (s. S. 21). Beiseitestellen.

Die Chilischote der Länge nach halbieren, von den Kernen befreien und fein hacken. Danach die Hände gründlich waschen.

Die Schweinebauchwürfel in eine Schüssel (oder in die Küchenmaschine mit Flachrührereinsatz) geben, mit dem Salz und dem Pfeffer bestreuen und mit der Hand (oder auf niedriger Stufe in der Maschine) bearbeiten (s. S. 21).

Das Ei und die Sahne dazugeben und weiterkneten, bis eine homogene Masse entstanden ist.

Den gewürfelten Schweinenacken, die gehackte Chilischote (oder das Pulver) und die Konfitüre hinzufügen und die Masse mit der Hand 5 Minuten kräftig durchkneten (oder auf niedriger Stufe in der Küchenmaschine bearbeiten). Die Masse in eine ofenfeste Form füllen und gut festdrücken.

Die Form in den kalten Backofen schieben, die Temperatur auf 160 °C Umluft einstellen und die Pastete 90 Minuten garen.

Falls nötig, den Rand der Form mit Küchenpapier abwischen, solange sie noch heiß ist.

Die Pastete bei Raumtemperatur 60 Minuten ruhen lassen, dann über Nacht in den Kühlschrank stellen. 30 Minuten vor dem Servieren herausnehmen.

Reste im Kühlschrank aufbewahren und innerhalb von 4 Tagen verbrauchen.

ZUBEREITUNG
90 Minuten

GARZEIT
90 Minuten

RUHEZEIT
1 Nacht

PASTETEN

DIE SOMMERLICHE

ZUTATEN

500 g Schweinebauch wie gewachsen (400 g netto)
400 g Hähnchenbrustfilet
200 g schwarze Oliven
3 gestrichene TL Salz
4 Prisen Pfeffer
1 Ei
50 g flüssige süße Sahne
2 TL Kräuter der Provence

6 PERSONEN

Aus dem Schweinebauch falls nötig die Knochen auslösen. Die Schwarte abschneiden, die darunterliegende Fettschicht aber nicht entfernen. Den Schweinebauch in 7 mm große Würfel schneiden (s. S. 21).

Das Hähnchenfilet und die Hälfte der Oliven ebenfalls in 7 mm große Würfel schneiden.

Die restlichen Oliven im Mixer glatt pürieren.

Die Schweinebauchwürfel in eine Schüssel (oder in die Küchenmaschine mit Flachrührereinsatz) geben, mit dem Salz und dem Pfeffer bestreuen und mit der Hand (oder auf niedriger Stufe in der Maschine) bearbeiten (s. S. 21).

Das Ei und die Sahne dazugeben und alles gründlich zu einer homogenen Masse verarbeiten.

Das Hähnchenfleisch, die gehackten und die pürierten Oliven dazugeben und die Masse 5 Minuten kräftig mit der Hand durchkneten (oder auf niedriger Stufe in der Küchenmaschine bearbeiten). Die Masse in eine Form geben und gut festdrücken.

Die Form in den kalten Backofen schieben. Die Temperatur auf 160 °C Umluft einstellen und die Pastete 90 Minuten garen.

Falls nötig, den Rand der Form mit Küchenpapier abwischen, solange sie noch heiß ist.

Die Pastete bei Raumtemperatur 60 Minuten ruhen lassen, dann über Nacht in den Kühlschrank stellen. 30 Minuten vor dem Servieren herausnehmen.

Reste im Kühlschrank aufbewahren und innerhalb von 4 Tagen verbrauchen.

REZEPT GETESTET VON

FRANÇOISE LUQUET-PLANTIER

»Ganz einfach zuzubereiten und wirklich köstlich im Geschmack!«

ZUBEREITUNG	GARZEIT	RUHEZEIT
90 Minuten	90 Minuten	1 Nacht

PASTETEN

MIT HUHN

ZUTATEN

650 g Schweinebauch wie gewachsen (500 g netto)
6 Stängel glatte Petersilie
1 ½ Schalotten (30 g)
50 g Champignons
15 g Butter
3 gestrichene TL Salz
+ 1 Prise Salz
5 Prisen Pfeffer aus der Mühle
100 g Geflügelleber
350 g Hähnchenbrustfilet
1 Ei
100 g flüssige süße Sahne

6 PERSONEN

REZEPT GETESTET VON

RICHARD CARON

»Ein Rezept, das jedem gelingt. Mit einem kühlen Weißwein aus Cassis perfekt zum Aperitif mit Freunden.«

Aus dem Schweinebauch falls nötig die Knochen auslösen. Die Schwarte abschneiden, die darunterliegende Fettschicht aber nicht entfernen (s. S. 21).

Die Petersilienblätter fein hacken. Die Schalotten und die Champignons in kleine Würfel schneiden. Die Butter in einer Pfanne bei geringer Temperatur zerlassen, die Schalotten und die Champignons mit je 1 Prise Salz und Pfeffer dazugeben und anschwitzen. Sobald die Schalotten eine goldgelbe Farbe angenommen haben, die Petersilie und die Geflügellebern hinzufügen. Die Lebern auf beiden Seiten bräunen, anschließend beiseitestellen und bei Raumtemperatur abkühlen lassen.

Den Schweinebauch, die Geflügellebern und das Hähnchenbrustfilet in 7 mm große Würfel schneiden (s. S. 21).

Schweinebauch, Geflügelleber und Hähnchenbrustfilet in eine Schüssel (oder in die Küchenmaschine mit Flachrührereinsatz) geben, mit dem Salz und dem Pfeffer bestreuen und mit der Hand (oder auf niedriger Stufe in der Küchenmaschine) bearbeiten (s. S. 21). Das Ei und die Sahne zugeben und untermengen.

Die Champignons, die Petersilie und die Schalotten hinzufügen und die Masse mit der Hand 5 Minuten kräftig durchkneten (oder auf niedriger Stufe in der Küchenmaschine bearbeiten). Die Masse in eine ofenfeste Form füllen und gut festdrücken.

Die Form in den kalten Ofen schieben. Die Temperatur auf 160 °C Umluft einstellen und die Pastete 90 Minuten garen.

Falls nötig, den Rand der Form mit Küchenpapier abwischen, solange sie noch heiß ist.

Die Pastete bei Raumtemperatur 60 Minuten abkühlen lassen, dann über Nacht in den Kühlschrank stellen.

Reste im Kühlschrank aufbewahren und innerhalb von 4 Tagen verbrauchen.

STAUB
STAUB

ZUBEREITUNG
90 Minuten

GARZEIT
90 Minuten

RUHEZEIT
1 Nacht

PASTETEN

AUS DEM FOREZ

◆◆◆

ZUTATEN

500 g Schweinebauch wie gewachsen (400 g netto)
150 g Geflügelleber
8 Stängel glatte Petersilie
1 kleine Zwiebel (50 g)
400 g Wurstbrät
2 gestrichene TL Salz
2 Prisen Pfeffer aus der Mühle
1 Ei
40 g flüssige süße Sahne

6 PERSONEN

Aus dem Schweinebauch falls nötig die Knochen auslösen. Die Schwarte abschneiden, die darunterliegende Fettschicht aber nicht entfernen. Den Schweinebauch in 7 mm große Würfel schneiden (s. S. 21).

Die Geflügellebern ebenfalls in 7 mm große Würfel schneiden. Beiseitestellen.

Die Petersilienblätter und die Zwiebel hacken.

Das Wurstbrät in eine Schüssel (oder in die Küchenmaschine mit Flachrührereinsatz) geben, mit dem Salz und dem Pfeffer bestreuen und mit der Hand (oder auf niedriger Stufe in der Maschine) bearbeiten (s. S. 21).

Das Ei und die Sahne dazugeben und alles gründlich zu einer homogenen Masse verarbeiten.

Die restlichen Zutaten hinzufügen und die Masse mit der Hand 5 Minuten kräftig durchkneten (oder auf niedriger Stufe in der Küchenmaschine bearbeiten). Die Masse in eine ofenfeste Form füllen und gut festdrücken.

Die Form in den kalten Backofen schieben. Die Temperatur auf 160 °C Umluft einstellen und die Pastete 90 Minuten garen.

Falls nötig, den Rand der Form mit Küchenpapier abwischen, solange sie noch heiß ist.

Die Pastete bei Raumtemperatur 60 Minuten ruhen lassen, dann über Nacht in den Kühlschrank stellen. 30 Minuten vor dem Servieren herausnehmen.

Reste im Kühlschrank aufbewahren und innerhalb von 4 Tagen verbrauchen.

REZEPT GETESTET VON
OLIVIER DESBORDES

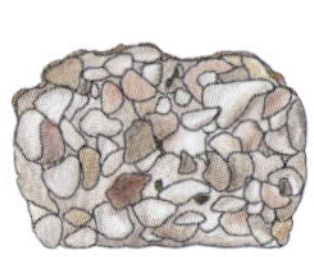

»Diese rustikale Pastete aus dem Département Loire ist nicht schwer. Dazu eine Scheibe Landbrot, Cornichons und ein gut gekühlter Weißwein – herrlich!«

ZUBEREITUNG
60 Minuten

GARZEIT
45 Minuten

RUHEZEIT
1 Nacht

PASTETEN

CAILLETTES

ZUTATEN

650 g Schweinebauch wie gewachsen (500 g netto)
250 g Schweine- oder Kalbsleber
1 Knoblauchzehe
1 ½ Schalotten (30 g)
1 mittelgroße Zwiebel (65 g)
½ Bund Estragon
20 Stängel glatte Petersilie
100 g Spinat
15 g Butter
50 ml Milch
3 gestrichene TL Salz
4 Prisen Pfeffer aus der Mühle
1 Ei
50 g flüssige süße Sahne

6 PERSONEN

REZEPT GETESTET VON

TOHRA MAHDAVI

»Da ich keine Portionsförmchen hatte, habe ich die Fleischklößchen in eine große Auflaufform gelegt. Das hat auch gut funktioniert.«

Aus dem Schweinebauch falls nötig die Knochen auslösen. Die Schwarte abschneiden, die darunterliegende Fettschicht aber nicht entfernen (s. S. 21).

Den Schweinebauch und die Leber separat in 7 mm große Würfel schneiden (s. S. 21). Beiseitestellen.

Den Knoblauch, die Schalotte und die Zwiebel fein würfeln, Estragon und Petersilienblätter hacken und alles separat beiseitestellen.

Die Spinatblätter grob zerkleinern. Die Butter in einer Pfanne bei mittlerer Temperatur zerlassen, den Spinat dazugeben und 3 Minuten zusammenfallen lassen. Beiseitestellen.

Die Zwiebel, die Schalotte und die Milch in eine Pfanne geben und bei mittlerer Temperatur köcheln lassen.

Die Schweinebauchwürfel in eine Schüssel (oder in die Küchenmaschine mit Flachrührereinsatz) geben, mit dem Salz und dem Pfeffer bestreuen und mit der Hand (oder auf niedriger Stufe in der Maschine) bearbeiten (s. S. 21).

Das Ei und die Sahne zugeben und alles gründlich zu einer homogenen Masse verarbeiten. Die Leber, die in Milch gegarten Zwiebel- und Schalottenwürfel, Knoblauch, Spinat, Estragon und Petersilie hinzufügen.

Alles mit der Hand 5 Minuten kräftig durchkneten (oder auf niedriger Stufe in der Küchenmaschine bearbeiten). Die Masse in sechs Portionen teilen, zu Kugeln formen und jede in ein Auflaufförmchen legen.

Die Förmchen in den kalten Backofen schieben. Die Temperatur auf 160 °C Umluft einstellen und die Caillettes 45 Minuten garen.

Die Caillettes bei Raumtemperatur 60 Minuten ruhen lassen, dann über Nacht in den Kühlschrank stellen. 30 Minuten vor dem Servieren herausnehmen und die Caillettes mithilfe eines Messers aus den Förmchen lösen.

Reste im Kühlschrank aufbewahren und innerhalb von 4 Tagen verbrauchen.

ZUBEREITUNG
75 Minuten

GARZEIT
90 Minuten

RUHEZEIT
1 Nacht

PASTETEN

MIT PERLHUHN

◆ ◆ ◆

ZUTATEN

650 g Schweinebauch wie gewachsen (500 g netto)
500 g Perlhuhnbrustfilet
3 gestrichene TL Salz
4 Prisen Pfeffer aus der Mühle
1 Ei
50 g flüssige süße Sahne

6 PERSONEN

Aus dem Schweinebauch falls nötig die Knochen auslösen. Die Schwarte abschneiden, die darunterliegende Fettschicht aber nicht entfernen. Den Schweinebauch in 7 mm große Würfel schneiden (s. S. 21).

Das Perlhuhnbrustfilet ebenfalls in 7 mm große Würfel schneiden.

Die Schweinebauchwürfel in eine Schüssel (oder in die Küchenmaschine mit Flachrührereinsatz) geben, mit dem Salz und dem Pfeffer bestreuen und mit der Hand (oder auf niedriger Stufe in der Maschine) bearbeiten (s. S. 21).

Das Ei und die Sahne dazugeben und alles gründlich zu einer homogenen Masse verarbeiten.

Die Perlhuhnbrust hinzufügen und die Masse mit der Hand 5 Minuten kräftig durchkneten (oder auf niedriger Stufe in der Küchenmaschine bearbeiten). Die Masse in eine ofenfeste Form füllen und fest andrücken.

Die Form in den kalten Backofen schieben. Die Temperatur auf 160 °C Umluft einstellen und die Pastete 90 Minuten garen.

Falls nötig, den Rand der Form mit Küchenpapier abwischen, solange sie noch heiß ist.

Die Pastete bei Raumtemperatur 60 Minuten ruhen lassen, dann über Nacht in den Kühlschrank stellen. 30 Minuten vor dem Servieren herausnehmen.

Reste im Kühlschrank aufbewahren und innerhalb von 4 Tagen verbrauchen.

REZEPT GETESTET VON

ANNE-MARIE BELIN

»Wunderbares Rezept, aber Vorsicht bei der Salzmenge: die Löffel dürfen keinesfalls zu voll sein!«

ZUBEREITUNG
15 Minuten

RUHEZEIT
24 Stunden

PASTETEN

PICKLES

◆ ◆ ◆

ZUTATEN

1 Bund Radieschen
4 Karotten mit Grün
¼ von einem kleinen Blumenkohl
4 Frühlingszwiebeln
200 g Zucker
400 ml Sherry- oder Rotweinessig

Das Gemüse putzen und waschen. Den Blumenkohl in Röschen zerteilen, von den Frühlingszwiebeln das Grün abschneiden, den weißen Teil vierteln. Die Karotten in Stifte oder Scheiben schneiden, die Radieschen ganz lassen.

Das Gemüse in Einmachgläser füllen, dabei die Größe der Gläser so wählen, dass sie bis zum Rand gefüllt sind. Die Gläser vor dem Befüllen mit kochendem Wasser ausspülen oder 10 Minuten sterilisieren.

Den Zucker und den Essig mit 800 ml Wasser in einen Topf geben und zum Kochen bringen. Die heiße Flüssigkeit über das Gemüse gießen, sodass alles vollständig bedeckt ist.

Die Gläser luftdicht verschließen und bei Raumtemperatur abkühlen lassen.

Die Mixed Pickles mindestens 24 Stunden ruhen lassen, dann kann man sie zu Pasteten, Terrinen oder Rillettes servieren.

Reste im Kühlschrank aufbewahren und innerhalb von 4 Tagen verbrauchen.

REZEPT GETESTET
VON
GILLES
& NICOLAS

»Mit diesem Rezept kann man selbst gemachte Mixed Pickles schon am nächsten Tag genießen.«

TERRINEN

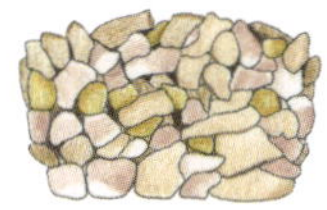

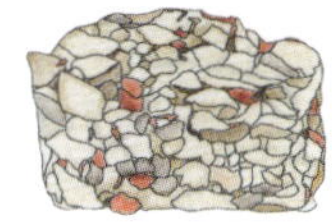

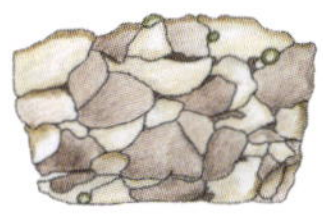

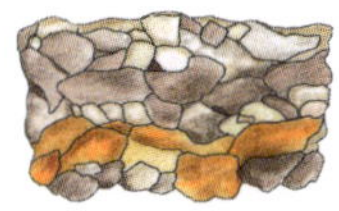

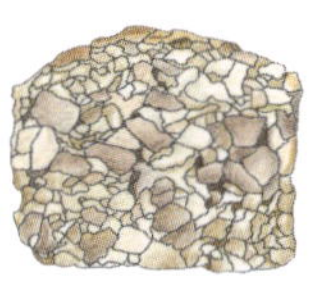

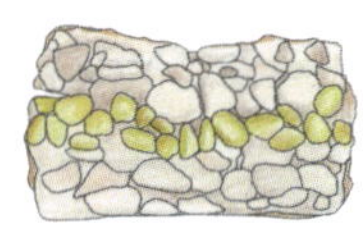

FLEISCH IN WÜRFEL SCHNEIDEN

Schneidet man Fleisch in etwas größere Stücke, kommt sein Geschmack besser zur Geltung und wird im Mund entsprechend intensiver wahrgenommen. Eine Farce aus auf diese Weise geschnittenen Fleischstücken ist charakteristisch für Terrinen, während das Fleisch für Pasteten feiner zerkleinert werden muss.

WÜRFELN SCHRITT FÜR SCHRITT

SCHRITT 1

Ein gut geschärftes Kochmesser bereitlegen.

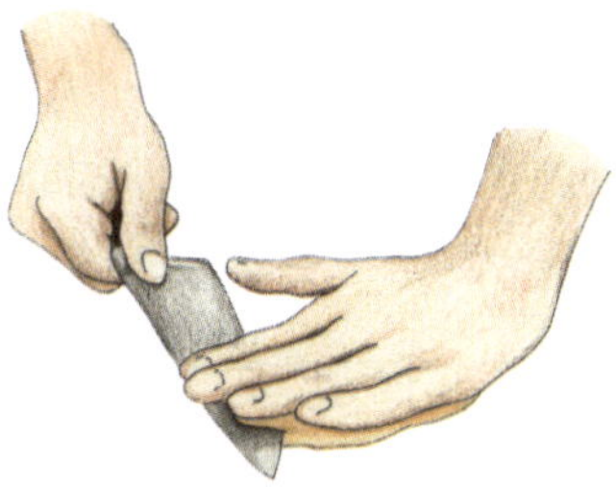

SCHRITT 2

Das Hähnchenfilet mit dem Messer quer halbieren.

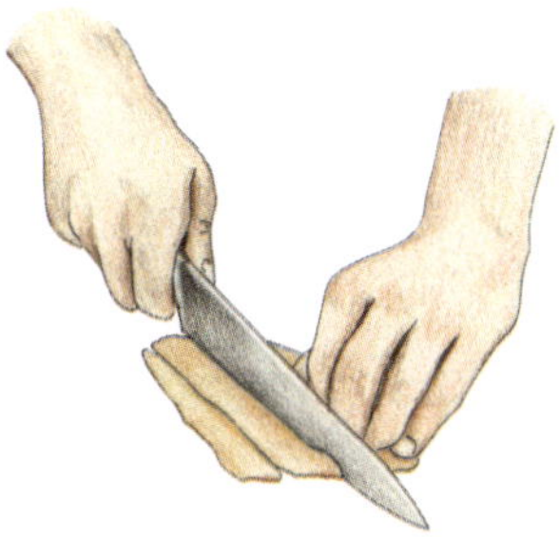

SCHRITT 3

Die Filets der Länge nach in Streifen schneiden.

SCHRITT 4

Die Streifen quer in Würfel schneiden.

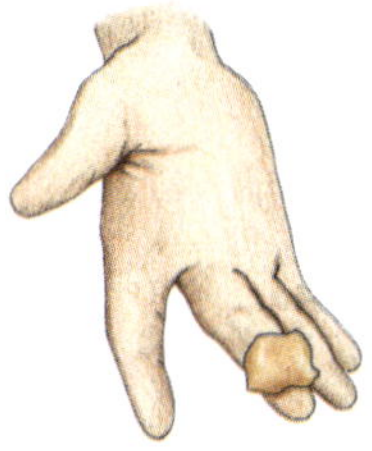

SCHRITT 5

Ideal sind Würfel mit einer Kantenlänge von 1,5 cm.

Fleischwürfel in Originalgröße.

ZUBEREITUNG
50 Minuten

GARZEIT
90 Minuten

RUHEZEIT
1 Nacht

TERRINEN

KANINCHEN & SENF

◆◆◆

ZUTATEN

650 g Schweinebauch wie gewachsen (500 g netto)
1 kg Kaninchenkeulen
2 gestrichene TL Salz
4 Prisen Pfeffer aus der Mühle
1 Ei
50 g flüssige süße Sahne
3 EL körniger Dijon-Senf

6 PERSONEN

REZEPT GETESTET VON

SYLVIE CHATELET

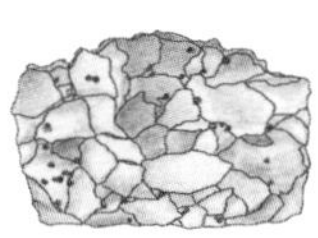

»Ein Rezept für alle, die diesen speziellen Senf lieben.«

Aus dem Schweinebauch falls nötig die Knochen auslösen. Die Schwarte abschneiden, die darunterliegende Fettschicht aber nicht entfernen. Den Schweinebauch in etwa 7 mm große Würfel schneiden (s. S. 21).

Die Kaninchenkeulen entbeinen und in etwa 1,5 cm große Würfel schneiden (s. S. 51).

Die Schweinebauchwürfel in eine Schüssel (oder in die Küchenmaschine mit Flachrührereinsatz) geben, mit dem Salz und dem Pfeffer bestreuen und mit der Hand (oder auf niedriger Stufe in der Maschine) bearbeiten (s. S. 21).

Das Ei und die Sahne zugeben und alles gründlich zu einer homogenen Masse verarbeiten. Die Kaninchenstücke und den Senf hinzufügen und die Masse 5 Minuten kräftig mit der Hand durchkneten (oder auf niedriger Stufe in der Küchenmaschine bearbeiten) .

Die Masse in eine ofenfeste Form füllen und gut festdrücken.

Die Form in den kalten Backofen geben. Die Temperatur auf 160 °C Umluft einstellen und die Terrine 90 Minuten garen.

Falls nötig, den Rand der Form mit Küchenpapier abwischen, solange sie noch heiß ist.

Bei Raumtemperatur 60 Minuten ruhen lassen, dann über Nacht in den Kühlschrank stellen.

Reste im Kühlschrank aufbewahren und innerhalb von 4 Tagen verbrauchen.

ZUBEREITUNG
90 Minuten

GARZEIT
90 Minuten

RUHEZEIT
1 Nacht

TERRINEN

HUHN & APFEL

◆ ◆ ◆

ZUTATEN

500 g Schweinebauch wie gewachsen (400 g netto)
500 g Hähnchenbrustfilet
1 Apfel
15 g Butter
1 gestrichener EL Zucker
150 ml Cidre
3 gestrichene TL Salz
4 Prisen Pfeffer aus der Mühle
1 Ei
50 g flüssige süße Sahne

6 PERSONEN

Aus dem Schweinebauch falls nötig die Knochen auslösen. Die Schwarte abschneiden, die darunterliegende Fettschicht aber nicht entfernen. Den Schweinebauch anschließend in etwa 7 mm große Würfel schneiden (s. S. 21).

Die Hähnchenbrustfilets in etwa 1,5 cm große Würfel schneiden (s. S. 51).

Den Apfel schälen, vierteln, vom Kerngehäuse befreien und in etwa 5 mm große Würfel schneiden.

Die Butter in einer Pfanne bei mittlerer Temperatur zerlassen. Die Apfelwürfel dazugeben und unter Rühren 2 Minuten anschwitzen. Den Zucker hinzufügen und weiterrühren, bis die Äpfel etwas Farbe angenommen haben. Den Cidre und das Hähnchenfleisch dazugeben und alles 30 Sekunden verrühren.

Die Schweinebauchwürfel in eine Schüssel (oder in die Küchenmaschine mit Flachrührereinsatz) geben, mit dem Salz und dem Pfeffer bestreuen und mit der Hand (oder auf niedriger Stufe in der Maschine) bearbeiten (s. S. 21).

Das Ei und die Sahne dazugeben und alles gründlich zu einer homogenen Masse verarbeiten. Den gesamten Pfanneninhalt hinzufügen und die Masse 5 Minuten kräftig mit der Hand durchkneten (oder auf niedriger Stufe in der Küchenmaschine bearbeiten).

Die Farce in eine ofenfeste Form füllen und gut festdrücken. Die Form in den kalten Backofen schieben, die Temperatur auf 160 °C Umluft einstellen und die Terrine 90 Minuten garen.

Falls nötig, den Rand der Form mit Küchenpapier abwischen, solange sie noch heiß ist.

Bei Raumtemperatur 60 Minuten ruhen lassen, dann über Nacht in den Kühlschrank stellen. 30 Minuten vor dem Servieren herausnehmen.

Reste im Kühlschrank aufbewahren und innerhalb von 4 Tagen verbrauchen.

REZEPT GETESTET VON

JÉRÔME BEAUCAMPS

»Eine harmonische Geschmackskomposition mit feiner Süße.«

ZUBEREITUNG
90 Minuten

GARZEIT
15 Minuten + 90 Minuten

RUHEZEIT
1 Nacht

TERRINEN

HUHN & PAPRIKA

◆ ◆ ◆

ZUTATEN

500 g Schweinebauch wie gewachsen (400 g netto)
400 g Hähnchenbrustfilet
250 g rote Paprikaschoten
200 g runde Tomaten
Olivenöl
3 gestrichene EL Salz
+ 1 Prise Salz
5 Prisen Pfeffer aus der Mühle
1 Ei
50 g flüssige süße Sahne

6 PERSONEN

REZEPT GETESTET VON

LAURIANNE MELIERRE

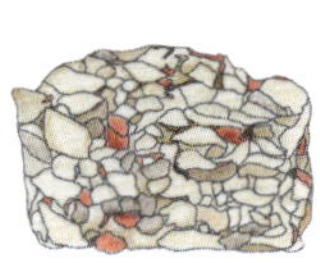

»Eine Terrine für den Sommer, die Sonne und, wenn man Glück hat, für die Liebe.«

Den Backofen auf 150 °C Umluft vorheizen.

Aus dem Schweinebauch falls nötig die Knochen auslösen. Die Schwarte abschneiden, die darunterliegende Fettschicht aber nicht entfernen. Den Schweinebauch in etwa 7 mm große Würfel schneiden (s. S. 21).

Die Paprikaschoten vierteln und von den Kernen und weißen Trennwänden befreien. Die Tomaten vierteln und entkernen.

Die Paprika- und Tomatenviertel mit einem Schuss Olivenöl und je 1 Prise Salz und Pfeffer auf einem Backblech verteilen und im Ofen 15 Minuten garen. Auf Raumtemperatur abkühlen lassen und enthäuten.

Das Hähnchenbrustfilet in etwa 1,5 cm große Würfel schneiden (s. S. 51). Die Paprika- und Tomatenviertel in etwa 5 mm große Stücke schneiden.

Die Schweinebauchwürfel in eine Schüssel (oder in die Küchenmaschine mit Flachrührereinsatz) geben, mit dem Salz und dem restlichen Pfeffer bestreuen und mit der Hand (oder auf niedriger Stufe in der Maschine) bearbeiten (s. S. 21).

Das Ei und die Sahne dazugeben und alles gründlich zu einer homogenen Masse verarbeiten. Hähnchenfleisch, Tomaten und Paprika hinzufügen und die Masse 5 Minuten kräftig mit der Hand durchkneten (oder auf niedriger Stufe in der Küchenmaschine bearbeiten). Die Masse in eine ofenfeste Form füllen und gut festdrücken.

Die Form in den Backofen schieben, die Temperatur auf 160 °C Umluft einstellen und die Terrine 90 Minuten garen.

Falls nötig, den Rand der Form mit Küchenpapier abwischen, solange sie noch heiß ist. Die Terrine bei Raumtemperatur 60 Minuten ruhen lassen, dann über Nacht in den Kühlschrank stellen. 30 Minuten vor dem Servieren herausnehmen.

Reste im Kühlschrank aufbewahren und innerhalb von 4 Tagen verbrauchen.

ZUBEREITUNG
50 Minuten

GARZEIT
90 Minuten

RUHEZEIT
1 Nacht

TERRINEN

ENTE & GRÜNER PFEFFER

◆ ◆ ◆

ZUTATEN

650 g Schweinebauch wie gewachsen (500 g netto)
800 g Entenbrustfilet
3 gestrichene TL Salz
2 Prisen Pfeffer aus der Mühle
1 Ei
50 g flüssige süße Sahne
10 g ganze grüne Pfefferkörner, plus mehr zum Garnieren

6 PERSONEN

REZEPT GETESTET VON

THOMAS VEROT

»Die Terrine ist recht einfach zuzubereiten, pikant gewürzt und ein wahrer Augenschmaus.«

Aus dem Schweinebauch falls nötig die Knochen auslösen. Die Schwarte abschneiden, die darunterliegende Fettschicht aber nicht entfernen. Den Schweinebauch in etwa 7 mm große Würfel schneiden (s. S. 21).

Die Haut von den Entenbrustfilets abziehen und das Fleisch in etwa 1,5 cm große Würfel schneiden (s. S. 51).

Die Schweinebauchwürfel in eine Schüssel (oder in die Küchenmaschine mit Flachrührereinsatz) geben, mit dem Salz und dem Pfeffer bestreuen und mit der Hand (oder auf niedriger Stufe in der Maschine) bearbeiten (s. S. 21).

Das Ei und die Sahne dazugeben und alles gründlich zu einer homogenen Masse verarbeiten. Das Entenfleisch und die grünen Pfefferkörner hinzufügen.

Die Masse mit der Hand 5 Minuten kräftig durchkneten (oder auf niedriger Stufe in der Küchenmaschine bearbeiten). Die Masse in eine ofenfeste Form füllen und gut festdrücken. Mit grünen Pfefferkörnern garnieren.

Die Form in den kalten Ofen schieben. Die Temperatur auf 160 °C Umluft einstellen und die Terrine 90 Minuten garen.

Falls nötig, den Rand der Form mit Küchenpapier abwischen, solange sie noch heiß ist.

Die Terrine bei Raumtemperatur 60 Minuten ruhen lassen, dann über Nacht in den Kühlschrank stellen. 30 Minuten vor dem Servieren herausnehmen.

Reste im Kühlschrank aufbewahren und innerhalb von 4 Tagen verbrauchen.

ZUBEREITUNG
60 Minuten

GARZEIT
90 Minuten

RUHEZEIT
1 Nacht

TERRINEN

ENTE & APRIKOSEN

◆ ◆ ◆

ZUTATEN

650 g Schweinebauch wie gewachsen (500 g netto)
800 g Entenbrustfilet
125 g getrocknete Aprikosen
3 gestrichene TL Salz
4 Prisen Pfeffer aus der Mühle
1 Ei
50 g flüssige süße Sahne

6 PERSONEN

REZEPT GETESTET VON

HUGUES DE SAINT PIERRE

»Wunderbar ausgewogen im Geschmack – man braucht keine weiteren Beigaben dazu, nur ein paar gute Freunde am Tisch.«

Aus dem Schweinebauch falls nötig die Knochen auslösen. Die Schwarte abschneiden, die darunterliegende Fettschicht aber nicht entfernen.
Den Schweinebauch anschließend in etwa 7 mm große Würfel schneiden (s. S. 21).

Die Haut von den Entenbrustfilets abziehen und das Fleisch in etwa 1,5 cm große Würfel schneiden (s. S. 51).

Die Aprikosen ebenfalls in 1,5 cm große Würfel schneiden.

Die Schweinebauchwürfel in eine Schüssel (oder in die Küchenmaschine mit Flachrührereinsatz) geben, mit dem Salz und dem Pfeffer bestreuen und mit der Hand (oder auf niedriger Stufe in der Maschine) bearbeiten (s. S. 21).

Das Ei und die Sahne dazugeben und alles gründlich zu einer homogenen Masse verarbeiten. Die Aprikosen und das Entenfleisch hinzufügen. Alles 5 Minuten kräftig mit der Hand durchkneten (oder auf niedriger Stufe in der Küchenmaschine bearbeiten). Die Masse in eine ofenfeste Form füllen und gut festdrücken.

Die Form in den kalten Ofen schieben. Die Temperatur auf 160 °C Umluft einstellen und die Terrine 90 Minuten garen.

Falls nötig, den Rand der Form mit Küchenpapier abwischen, solange sie noch heiß ist.

Die Terrine bei Raumtemperatur 60 Minuten ruhen lassen, anschließend über Nacht in den Kühlschrank stellen. 30 Minuten vor dem Servieren herausnehmen.

Reste im Kühlschrank aufbewahren und innerhalb von 4 Tagen verbrauchen.

ZUBEREITUNG
60 Minuten

GARZEIT
90 Minuten

RUHEZEIT
1 Nacht

TERRINEN

»SCHWEIN GEHABT«

◆◆◆

ZUTATEN

500 g Schweinebauch wie gewachsen (400 g netto)
400 g Schweinenacken
150 g Speckwürfel
3 gestrichene TL Salz
4 g Pfefferkörner
1 Prise Pfeffer aus der Mühle
1 Ei
50 ml flüssige süße Sahne

6 PERSONEN

Aus dem Schweinebauch falls nötig die Knochen auslösen. Die Schwarte abschneiden, die darunterliegende Fettschicht aber nicht entfernen. Den Schweinebauch in etwa 7 mm große Würfel schneiden (s. S. 21).

Den Schweinenacken in etwa 1,5 cm große Würfel schneiden (s. S. 51).

Die Speckwürfel in einer Pfanne bei mittlerer Temperatur 1 Minute anbräunen.

Die Schweinebauchwürfel in eine Schüssel (oder in die Küchenmaschine mit Flachrührereinsatz) geben, mit dem Salz und dem Pfeffer bestreuen und mit der Hand (oder auf niedriger Stufe in der Maschine) bearbeiten (s. S. 21).

Das Ei und die Sahne zugeben und alles gründlich zu einer homogenen Masse verarbeiten. Die Schweinenacken- und Speckwürfel hinzufügen und das Ganze mit der Hand 5 Minuten kräftig durchkneten (oder auf niedriger Stufe in der Küchenmaschine bearbeiten). Die Farce in eine ofenfeste Form füllen und gut festdrücken.

Die Form in den kalten Backofen schieben. Die Temperatur auf 160 °C Umluft einstellen und die Terrine 90 Minuten garen.

Falls nötig, den Rand der Form mit Küchenpapier abwischen, solange sie noch heiß ist.

Die Terrine bei Raumtemperatur 60 Minuten ruhen lassen, dann über Nacht in den Kühlschrank stellen. 30 Minuten vor dem Servieren herausnehmen.

Reste im Kühlschrank aufbewahren und innerhalb von 4 Tagen verbrauchen.

REZEPT GETESTET VON

RICHARD CARON

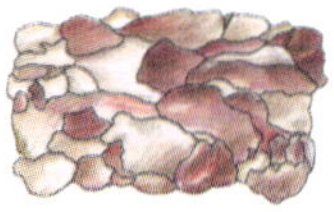

»Supereinfach, diese Terrine, dabei ziemlich reichhaltig – perfekt zu einem trockenen Weißwein mit ein paar guten Freunden.«

ZUBEREITUNG
70 Minuten

GARZEIT
90 Minuten

RUHEZEIT
1 Nacht

TERRINEN

AUS QUEBEC

ZUTATEN

100 g getrocknete Cranberrys
330 ml helles Bier
500 g Schweinebauch wie gewachsen (400 g netto)
400 g Schweinenacken
3 gestrichene TL Salz
4 Prisen Pfeffer aus der Mühle
1 Ei
50 g flüssige süße Sahne

6 PERSONEN

Die Cranberrys in ein großes Glas geben und mit dem Bier bedecken.

Aus dem Schweinebauch falls nötig die Knochen auslösen. Die Schwarte abschneiden, die darunterliegende Fettschicht aber nicht entfernen. Den Schweinebauch anschließend in etwa 7 mm große Würfel schneiden (s. S. 21).

Den Schweinenacken in etwa 1,5 cm große Würfel schneiden (s. S. 51).

Die Schweinebauchwürfel in eine Schüssel (oder in die Küchenmaschine mit Flachrührereinsatz) geben, mit dem Salz und dem Pfeffer bestreuen und mit der Hand (oder auf niedriger Stufe in der Maschine) bearbeiten (s. S. 21).

Das Ei und die Sahne dazugeben und alles gründlich zu einer homogenen Masse verarbeiten.

Die Cranberrys, die Hälfte des Bieres und die Schweinenackenwürfel dazugeben und die Masse 5 Minuten mit der Hand kräftig durchkneten (oder auf niedriger Stufe in der Küchenmaschine bearbeiten). Die Masse in eine ofenfeste Form füllen und gut festdrücken.

Die Form in den kalten Backofen schieben. Die Temperatur auf 160 °C Umluft einstellen und die Terrine 90 Minuten garen.

Falls nötig, den Rand der Form mit Küchenpapier abwischen, solange sie noch heiß ist.

Die Terrine bei Raumtemperatur 60 Minuten ruhen lassen, dann über Nacht in den Kühlschrank stellen. 30 Minuten vor dem Servieren herausnehmen.

Reste im Kühlschrank aufbewahren und innerhalb von 4 Tagen verbrauchen.

REZEPT GETESTET VON

HÉLÈNE SEVIN

»Die Terrine lässt sich sehr leicht zubereiten. Wir haben sie bei einem Picknick mit Freunden geteilt, sie kam sehr gut an!«

ZUBEREITUNG
70 Minuten

GARZEIT
90 Minuten

RUHEZEIT
1 Nacht

TERRINEN

EINE FÜR ALLE

◆ ◆ ◆

ZUTATEN

650 g Kalbsbrust wie gewachsen (500 g netto)
300 g Hähnchenbrustfilet
400 g Entenconfit
3 gestrichene TL Salz
4 Prisen Pfeffer aus der Mühle
1 Ei
50 g flüssige süße Sahne

6 PERSONEN

Aus der Kalbsbrust falls nötig die Knochen entfernen. Die Haut entfernen, die Fettschicht aber auf dem Fleisch belassen. Die Kalbsbrust in etwa 7 mm große Würfel schneiden (s. S. 21).

Das Hähnchenbrustfilet in etwa 1,5 cm große Würfel schneiden (s. S. 51).

Das Entenconfit von der Haut und den Knochen befreien und das Fleisch mit den Händen in Stücke zupfen.

Die Kalbsbrustwürfel in eine Schüssel (oder in die Küchenmaschine mit Flachrührereinsatz) geben, mit dem Salz und dem Pfeffer bestreuen und mit der Hand (oder auf niedriger Stufe in der Maschine) bearbeiten (s. S. 21).

Das Ei und die Sahne dazugeben und alles gründlich zu einer homogenen Masse verarbeiten. Das Hähnchen- und das Entenfleisch hinzufügen und alles 5 Minuten mit der Hand kräftig durchkneten (oder auf niedriger Stufe in der Küchenmaschine bearbeiten). Die Masse in eine ofenfeste Form füllen und gut festdrücken.

Die Form in den kalten Backofen schieben. Die Temperatur auf 160 °C Umluft einstellen und die Terrine 90 Minuten garen.

Falls nötig, den Rand der Form mit Küchenpapier abwischen, solange sie noch heiß ist.

Die Terrine bei Raumtemperatur 60 Minuten ruhen lassen, dann über Nacht in den Kühlschrank stellen. 30 Minuten vor dem Servieren herausnehmen.

Reste im Kühlschrank aufbewahren und innerhalb von 4 Tagen verbrauchen.

REZEPT GETESTET VON

GILLES & NICOLAS

»Kalbsbrust ist die beste Alternative zu Schweinefleisch.«

ZUBEREITUNG
60 Minuten

GARZEIT
90 Minuten

RUHEZEIT
1 Nacht

TERRINEN

FEINES GEFLÜGEL

◆◆◆

ZUTATEN

650 g Schweinebauch wie gewachsen (500 g netto)
450 g Entenbrustfilet
240 g Hähnchenbrustfilet
3 gestrichene TL Salz
4 Prisen Pfeffer aus der Mühle
1 Ei
50 g flüssige süße Sahne

6 PERSONEN

Aus dem Schweinebauch falls nötig die Knochen auslösen. Die Schwarte abschneiden, die darunterliegende Fettschicht aber nicht entfernen. Den Schweinebauch anschließend in etwa 7 mm große Würfel schneiden (s. S. 21).

Die Haut von den Entenbrustfilets abziehen. Das Fleisch in etwa 1,5 cm große Würfel schneiden, ebenso das Hähnchenbrustfilet (s. S. 51).

Die Schweinebauchwürfel in eine Schüssel (oder in die Küchenmaschine mit Flachrührereinsatz) geben, mit dem Salz und dem Pfeffer bestreuen und mit der Hand (oder auf niedriger Stufe in der Maschine) bearbeiten (s. S. 21).

Das Ei und die Sahne dazugeben und alles gründlich zu einer homogenen Masse verarbeiten. Das Hähnchen- und das Entenfleisch hinzufügen und mit der Hand 5 Minuten kräftig durchkneten (oder auf niedriger Stufe in der Küchenmaschine bearbeiten). Die Masse in eine ofenfeste Form füllen und gut festdrücken.

Die Form in den kalten Backofen schieben. Die Temperatur auf 160 °C Umluft einstellen und die Terrine 90 Minuten garen.

Falls nötig, den Rand der Form mit Küchenpapier abwischen, solange sie noch heiß ist.

Die Terrine bei Raumtemperatur 60 Minuten ruhen lassen, anschließend über Nacht in den Kühlschrank stellen. 30 Minuten vor dem Servieren herausnehmen.

Reste im Kühlschrank aufbewahren und innerhalb von 4 Tagen verbrauchen.

REZEPT GETESTET VON

GILLES & NICOLAS

»Ente und Huhn ergänzen sich sehr gut.«

SURFACE

ZUBEREITUNG	GARZEIT	RUHEZEIT
75 Minuten	90 Minuten	1 Nacht

TERRINEN

SCHWEINETERRINE MIT KARAMELL

◆ ◆ ◆

ZUTATEN

650 g Schweinebauch wie gewachsen (500 g netto)
400 g Schweinenacken
2 gestrichene TL Salz
4 Prisen Pfeffer aus der Mühle
1 Ei
50 g flüssige süße Sahne
3 EL Zucker
1 EL Sojasauce

6 PERSONEN

REZEPT GETESTET VON

GILLES & NICOLAS

»Für Liebhaber süß-salziger Geschmacksnoten.«

Aus dem Schweinebauch falls nötig die Knochen auslösen. Die Schwarte abschneiden, die darunterliegende Fettschicht aber nicht entfernen. Den Schweinebauch in etwa 7 mm große Würfel schneiden (s. S. 21).

Den Schweinenacken in etwa 1,5 cm große Würfel schneiden (s. S. 51).

Die Schweinebauchwürfel in eine Schüssel (oder in die Küchenmaschine mit Flachrührereinsatz) geben, mit dem Salz und dem Pfeffer bestreuen und mit der Hand (oder auf niedriger Stufe in der Maschine) bearbeiten (s. S. 21).

Das Ei und die Sahne dazugeben und alles gründlich zu einer homogenen Masse verarbeiten.

Drei Esslöffel Wasser in eine Pfanne geben und bei hoher Temperatur erhitzen. Den Zucker hineingeben und stetig rühren, bis er zu karamellisieren beginnt. Auf mittlere Temperatur zurückschalten, die Sojasauce und die Schweinenackenwürfel dazugeben und alles 1 Minute sorgfältig verrühren.

Den Inhalt der Pfanne zu dem Schweinebauch geben und alles mit der Hand 5 Minuten kräftig durchkneten (oder auf niedriger Stufe in der Küchenmaschine bearbeiten). In eine ofenfeste Form füllen und gut festdrücken.

Die Form in den kalten Backofen schieben. Die Temperatur auf 160 °C Umluft einstellen und die Terrine 90 Minuten garen.

Falls nötig, den Rand der Form mit Küchenpapier abwischen, solange sie noch heiß ist.

Die Terrine bei Raumtemperatur 60 Minuten ruhen lassen, dann über Nacht in den Kühlschrank stellen. 30 Minuten vor dem Servieren herausnehmen.

Reste im Kühlschrank aufbewahren und innerhalb von 4 Tagen verbrauchen.

ZUBEREITUNG
60 Minuten

GARZEIT
90 Minuten

RUHEZEIT
1 Nacht

BLEU D'AUVERGNE

ZUTATEN

500 g Schweinebauch wie gewachsen (400 g netto)
400 g Schweinenacken wie gewachsen (300 g netto)
150 g Bleu d'Auvergne (Blauschimmelkäse)
3 gestrichene TL Salz
4 Prisen Pfeffer aus der Mühle
1 Ei
50 ml flüssige süße Sahne

6 PERSONEN

REZEPT GETESTET VON

GILLES & NICOLAS

»Anstelle von Bleu d'Auvergne kann man auch einen Fourme d'Ambert verwenden.«

Aus dem Schweinebauch falls nötig die Knochen auslösen. Die Schwarte abschneiden, die darunterliegende Fettschicht aber nicht entfernen. Den Schweinebauch anschließend in etwa 7 mm große Würfel schneiden (s. S. 21).

Den Schweinenacken in etwa 1,5 cm große Würfel schneiden (s. S. 51), den Käse halb so groß würfeln.

Die Schweinebauchwürfel in eine Schüssel (oder in die Küchenmaschine mit Flachrührereinsatz) geben, mit dem Salz und dem Pfeffer bestreuen und mit der Hand (oder auf niedriger Stufe in der Maschine) durchmischen.

Das Ei und die Sahne dazugeben und alles gründlich zu einer homogenen Masse verarbeiten.

Die Schweinenacken- und Käsewürfel hinzufügen und alles mit der Hand 5 Minuten kräftig durchkneten (oder auf niedriger Stufe in der Küchenmaschine bearbeiten). Die Masse in eine ofenfeste Form füllen und gut festdrücken.

Die Form in den kalten Backofen schieben. Die Temperatur auf 160 °C Umluft einstellen und die Terrine 90 Minuten garen.

Falls nötig, den Rand der Form mit Küchenpapier abwischen, solange sie noch heiß ist.

Die Terrine bei Raumtemperatur 60 Minuten ruhen lassen, dann über Nacht in den Kühlschrank stellen. 30 Minuten vor dem Servieren herausnehmen.

Reste im Kühlschrank aufbewahren und innerhalb von 4 Tagen verbrauchen.

ZUBEREITUNG
90 Minuten

GARZEIT
90 Minuten

RUHEZEIT
1 Nacht

DREIERLEI FLEISCH & PISTAZIEN

ZUTATEN

500 g Schweinebauch wie gewachsen (400 g netto)
150 g Schweinenacken
150 g Kalbsnuss
150 g Hähnchenbrustfilet
3 gestrichene TL Salz
4 Prisen Pfeffer aus der Mühle
1 Ei
50 g flüssige süße Sahne
70 g Pistazienkerne

6 PERSONEN

Aus dem Schweinebauch falls nötig die Knochen auslösen. Die Schwarte abschneiden, die darunterliegende Fettschicht aber nicht entfernen. Den Schweinebauch dann in etwa 7 mm große Würfel schneiden (s. S. 21).

Den Schweinenacken, die Kalbsnuss und das Hähnchenbrustfilet jeweils in etwa 1,5 cm große Würfel schneiden (s. S. 51).

Die Schweinebauchwürfel in eine Schüssel (oder in die Küchenmaschine mit Flachrührereinsatz) geben, mit dem Salz und dem Pfeffer bestreuen und mit der Hand (oder auf niedriger Stufe in der Maschine) bearbeiten (s. S. 21).

Das Ei und die Sahne dazugeben und alles gründlich zu einer homogenen Masse verarbeiten.

Die Schweinenacken-, Kalbsnuss- und Hähnchenbrustwürfel hinzufügen und alles mit der Hand 5 Minuten kräftig durchkneten (oder auf niedriger Stufe in der Küchenmaschine bearbeiten).

Die Hälfte der Masse in eine ofenfeste Form füllen und gut festdrücken. Die Pistazienkerne darauf verteilen und mit der restlichen Farce bedecken. Erneut gut festdrücken.

Die Form in den kalten Backofen schieben. Die Temperatur auf 160 °C Umluft einstellen und die Terrine 90 Minuten garen.

Falls nötig, den Rand der Form mit Küchenpapier abwischen, solange sie noch heiß ist.

Die Terrine bei Raumtemperatur 60 Minuten ruhen lassen, dann über Nacht in den Kühlschrank stellen. 30 Minuten vor dem Servieren herausnehmen.

Reste im Kühlschrank aufbewahren und innerhalb von 4 Tagen verbrauchen.

REZEPT GETESTET VON

AUDE LE PICHON

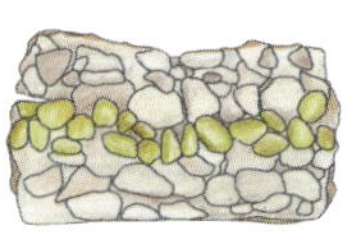

»Eine köstliche Terrine. Man kann sie auch mit Hackfleisch zubereiten, das spart Zeit!«

ZUBEREITUNG
90 Minuten

GARZEIT
90 Minuten

RUHEZEIT
1 Nacht

TERRINEN

FÖRSTERIN-ART

ZUTATEN

500 g Schweinebauch wie gewachsen (400 g netto)
400 g Hähnchenbrustfilet
6 Stängel glatte Petersilie
1 Schalotte
50 g Champignons
50 g Austernpilze
15 g Butter
3 gestrichene TL Salz
+ 1 Prise Salz
5 Prisen Pfeffer aus der Mühle
1 Ei
50 g flüssige süße Sahne

6 PERSONEN

REZEPT GETESTET VON

CÉCILE CAU

»Mit der Charcuterie ist es wie mit der Patisserie. Wenn man die angegebenen Mengen genau abwiegt, gelingt alles einwandfrei.«

Aus dem Schweinebauch falls nötig die Knochen auslösen. Die Schwarte abschneiden, die darunterliegende Fettschicht aber nicht entfernen. Den Schweinebauch dann in etwa 7 mm große Würfel schneiden (s. S. 21).

Das Hähnchenbrustfilet in etwa 1,5 cm Würfel schneiden (s. S. 51).

Die Petersilienblätter hacken. Die Schalotte fein würfeln. Die Champignons und die Austernpilze kurz abspülen und vierteln.

Die Butter in einer Pfanne bei mittlerer Temperatur zerlassen. Die Schalotte, die Pilze, 1 Prise Salz und den Pfeffer dazugeben und unter Rühren anschwitzen.

Sobald die Pilze Farbe angenommen haben, die Petersilie zugeben und etwa 30 Sekunden unterrühren. Die Pfanne vom Herd nehmen. Die Pilze etwas abkühlen lassen und anschließend in etwa 5 mm große Würfel schneiden.

Die Schweinebauchwürfel in eine Schüssel (oder in die Küchenmaschine mit Flachrührereinsatz) geben, mit dem Salz und dem Pfeffer bestreuen und mit der Hand (oder auf niedriger Stufe in der Maschine) bearbeiten (s. S. 21).

Das Ei und die Sahne dazugeben und alles gründlich zu einer homogenen Masse verarbeiten. Die Pilze, die Schalotte, die Petersilie und das Hähnchenfleisch hinzufügen und mit der Hand 5 Minuten kräftig durchkneten (oder auf niedriger Stufe in der Küchenmaschine bearbeiten). Die Masse in eine ofenfeste Form füllen und gut festdrücken.

Die Form in den kalten Backofen schieben. Die Temperatur auf 160 °C Umluft einstellen und die Terrine 90 Minuten garen.

Falls nötig, den Rand der Form mit Küchenpapier abwischen, solange sie noch heiß ist.

Die Terrine bei Raumtemperatur 60 Minuten ruhen lassen, dann über Nacht in den Kühlschrank stellen. 30 Minuten vor dem Servieren herausnehmen.

Reste im Kühlschrank aufbewahren und innerhalb von 4 Tagen verbrauchen.

ZUBEREITUNG
75 Minuten

GARZEIT
90 Minuten

RUHEZEIT
1 Nacht

TERRINEN

ENTE & PISTAZIEN

◆ ◆ ◆

ZUTATEN

650 g Schweinebauch wie gewachsen (500 g netto)
800 g Entenbrustfilet
150 g Pistazienkerne
4 gestrichene TL Salz
4 Prisen Pfeffer aus der Mühle
1 Ei
50 g flüssige süße Sahne

6 PERSONEN

REZEPT GETESTET VON

JULIEN LEVAUX

»Wir haben sie regelrecht verschlungen! Und Lust bekommen, weitere Rezepte auszuprobieren!«

Aus dem Schweinebauch falls nötig die Knochen auslösen. Die Schwarte abschneiden, die darunterliegende Fettschicht aber nicht entfernen. Den Schweinebauch dann in etwa 7 mm große Würfel schneiden (s. S. 21).

Die Haut von der Entenbrust abziehen, das Fleisch in etwa 1 cm große Würfel schneiden (s. S. 51).

Die Pistazienkerne halbieren.

Die Schweinebauchwürfel in eine Schüssel (oder in die Küchenmaschine mit Flachrührereinsatz) geben, mit dem Salz und dem Pfeffer bestreuen und mit der Hand (oder auf niedriger Stufe in der Maschine) bearbeiten (s. S. 21). Die Pistazienhälften und die Entenbrust untermischen.

Das Ei und die Sahne dazugeben und alles gründlich zu einer homogenen Masse verarbeiten. Alles mit der Hand 5 Minuten kräftig durchkneten (oder auf niedriger Stufe in der Küchenmaschine bearbeiten). Die Masse in eine ofenfeste Form füllen und gut festdrücken.

Die Form in den kalten Backofen schieben. Die Temperatur auf 160 °C Umluft einstellen und die Terrine 90 Minuten garen.

Falls nötig, den Rand der Form mit Küchenpapier abwischen, solange sie noch heiß ist.

Die Terrine bei Raumtemperatur 60 Minuten ruhen lassen, dann über Nacht in den Kühlschrank stellen. 30 Minuten vor dem Servieren herausnehmen.

Reste im Kühlschrank aufbewahren und innerhalb von 4 Tagen verbrauchen.

TOURTES

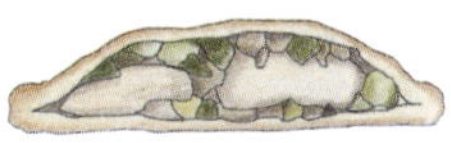

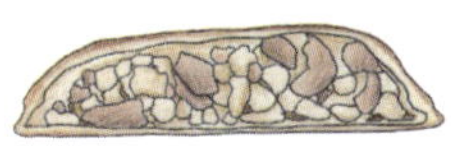

BLÄTTERTEIG SELBST HERSTELLEN

Für die folgenden Rezepte können Sie fertig gekauften Butterblätterteig verwenden. Wer sich einmal selbst an die Herstellung von Blätterteig heranwagen möchte, findet hier ein relativ einfaches Rezept. Das mehrfach wiederholte Ausrollen des Teiges erfordert etwas Ausdauer und Geduld, aber nur so entsteht ein guter Blätterteig.

BLÄTTERTEIG SCHRITT FÜR SCHRITT

500 g Weizenmehl Type 405 | 400 g Butter | 1 TL Salz | 150 ml Wasser

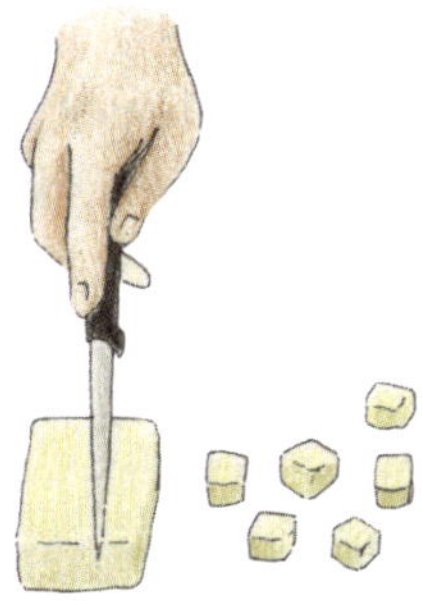

SCHRITT 1

Die Butter in etwa 1 cm große Würfel schneiden.

SCHRITT 2

Das Mehl in eine Schüssel geben und mit dem Salz mischen.

SCHRITT 3

Die Butterwürfel nach und nach mit der Mehl-Salz-Mischung verkneten, sodass eine krümelige Masse entsteht.

SCHRITT 4

Das Wasser nach und nach unterkneten, bis sich alles verbunden hat, die Butterstückchen aber noch sichtbar sind.

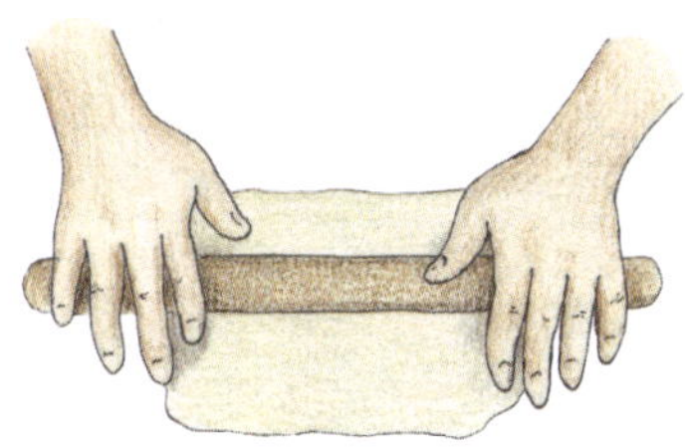

SCHRITT 5

Den Teig auf Backpapier legen und mit dem Nudelholz zu einem 2 cm dicken Rechteck ausrollen. Für 30 Minuten kalt stellen. Anschließend zu einem Rechteck von 15 × 45 cm ausrollen.

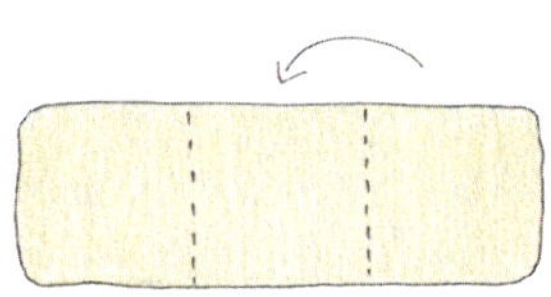

SCHRITT 6

Ein Drittel des Rechtecks über das mittlere Drittel schlagen, das restliche Drittel darüberklappen, dabei darauf achten, dass die Teigkanten akkurat aufeinanderliegen.

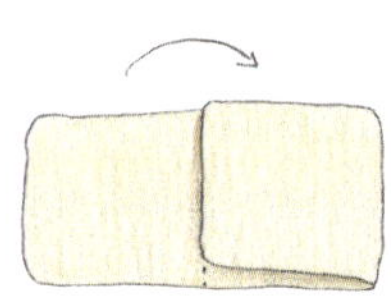

SCHRITT 7

Den Teig um 90 Grad drehen, erneut zu einem Rechteck von 15 × 45 cm ausrollen und Schritt 6 wiederholen.

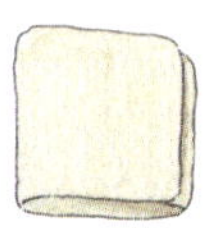

SCHRITT 8

Das Teigpaket erneut um 90 Grad drehen, zu einem Rechteck von 15 × 45 cm ausrollen und Schritt 6 wiederholen.

Den Teig vor der Verwendung mindestens 30 Minuten im Kühlschrank ruhen lassen.

EINE TOURTE ZUBEREITEN

◆ ◆ ◆

Das korrekte Verschließen der Teigränder ist die wichtigste Voraussetzung für das Gelingen dieser Blätterteigpastete. Es gilt zu verhindern, dass die Füllung während des Garens ausläuft. Nur so kann die Pastete im Backofen ein appetitliches, knuspriges, goldbraunes Äußeres entwickeln. Wenn man die richtigen Handgriffe kennt, ist das kein Problem.

EINE TOURTE ZUBEREITEN SCHRITT FÜR SCHRITT

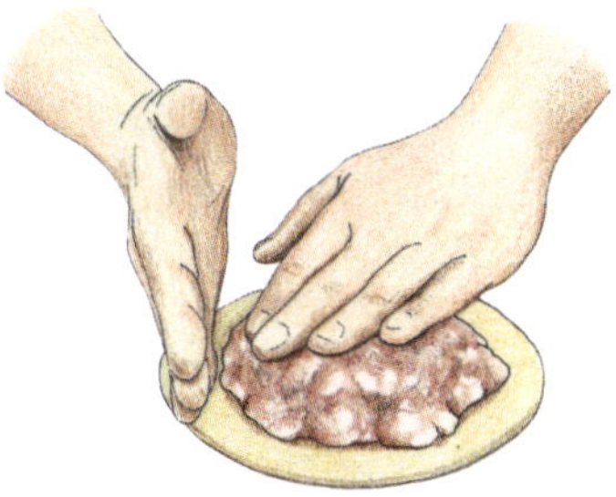

SCHRITT 1

Die gesamte Füllung auf einen Teigkreis geben und gleichmäßig verteilen, dabei rundherum einen Rand frei lassen.

SCHRITT 2

Mithilfe eines Pinsels den Teig um die Füllung herum dünn mit verquirltem Ei bestreichen.

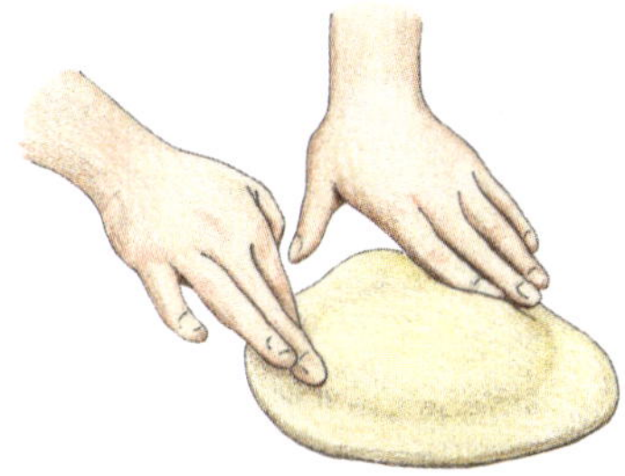

SCHRITT 3

Den zweiten Teigkreis darauflegen und um die Füllung herum leicht andrücken, sodass er deren Form annimmt.

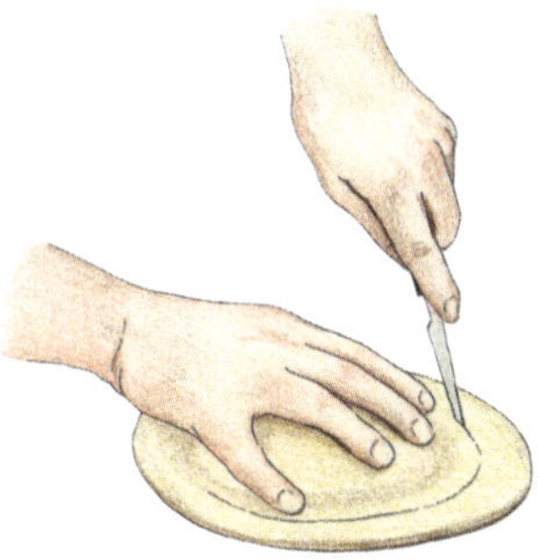

SCHRITT 4

Den überschüssigen Teig bis auf einen etwa 2 cm breiten Rand wegschneiden.

SCHRITT 5

Die Teigkanten zwischen den Fingerspitzen zusammendrücken und versiegeln.

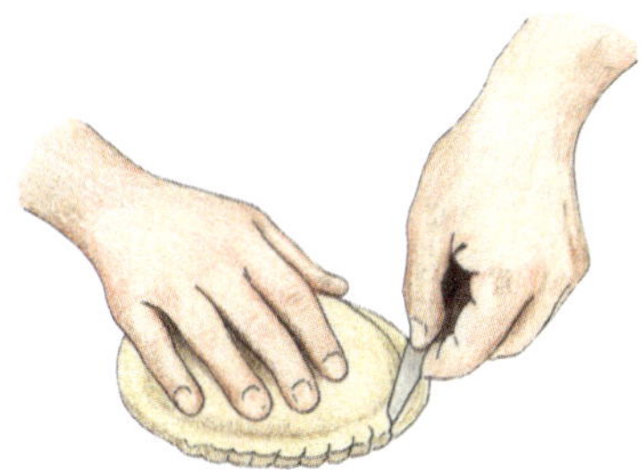

SCHRITT 6

Den Rand der Tourte mit der Rückseite einer Messerklinge mit leichtem Druck dekorativ einkerben.

SCHRITT 7

Die Oberfläche mit dem restlichen verquirlten Ei bestreichen, damit sie beim Backen gut bräunt.

SCHRITT 8

Mit der Rückseite einer Messerklinge vorsichtig ein dekoratives Muster in die Teigoberfläche ritzen.

IDEEN

Einige Beispiele, die man nach Belieben variieren kann.

ZUBEREITUNG
45 Minuten

GARZEIT
30 Minuten

RUHEZEIT
30 Minuten

TOURTES

SCHINKEN & KÄSE

ZUTATEN

500 ml Milch
50 g Butter
50 g Mehl
1 TL Salz
2 Prisen Pfeffer aus der Mühle
500 g Blätterteig (s. S. 83)
6 mittelgroße Scheiben Kochschinken
150 g geriebener Emmentaler
2 Eier

6 PERSONEN

Die Milch in einen Topf geben, zum Kochen bringen und sofort vom Herd nehmen. Die Butter in einem zweiten Topf zerlassen. Das Mehl unter ständigem Rühren einrieseln lassen und anschwitzen. Die heiße Milch nach und nach dazugießen, das Salz und den Pfeffer dazugeben und weiter rühren, bis eine cremige Béchamelsauce entstanden ist. Für 30 Minuten in den Kühlschrank stellen.

Den Backofen auf 180 °C Umluft vorheizen.

Aus dem Blätterteig für Boden und Deckel der Pastete zwei Kreise ausrollen.

Ein Backblech mit Backpapier auslegen und einen Teigkreis auf das Blech legen. Eine Scheibe Schinken auf die Teigmitte legen, dabei rundherum einen mindestens 2 cm breiten Rand frei lassen (s. S. 85). Den Schinken mit Béchamelsauce bedecken und mit Emmentaler bestreuen. Den Vorgang in der Reihenfolge Schinken, Béchamelsauce, Emmentaler wiederholen, bis alle Zutaten aufgebraucht sind.

Die Eier in einer Schale verquirlen. Den freigelassenen Teigrand rundherum etwa 2 cm breit mit verquirltem Ei bepinseln (s. S. 85).

Die Füllung mit dem zweiten Teigkreis abdecken. Den Teig um die Füllung herum leicht andrücken, sodass er deren Form annimmt. Die beiden Teigplatten durch leichten Druck auf den mit Ei bestrichenen Rand miteinander verbinden. Überschüssigen Teig bis auf etwa 2 cm zurückschneiden. Zum Schluss die Teigkanten versiegeln (s. S. 85).

Die Tourte mit dem restlichen verquirlten Ei bestreichen und mit einem dekorativen Muster versehen (s. S. 85).

Im vorgeheizten Ofen 30 Minuten backen. Herausnehmen und gleich servieren.

REZEPT GETESTET VON

ÉMILIE FLÉCHAIRE

»Echtes Seelenfutter mit einer wunderbar cremigen Béchamelsauce.«

ZUBEREITUNG
45 Minuten

GARZEIT
30 Minuten

TOURTES

MOZZARELLA & TOMATE

◆ ◆ ◆

ZUTATEN

4 runde Tomaten
1 Prise Salz
1 Prise Pfeffer aus der Mühle
400 g Mozzarella
500 g Blätterteig (s. S. 83)
100 g Parmaschinken, in mitteldicke Scheiben geschnitten
2 Eier

6 PERSONEN

REZEPT GETESTET VON

CÉCILE YVORRA

»Einfach und schnell zuzubereiten, schmeckt der ganzen Familie. Für den ultimativen Genuss darf man auch mehr Mozzarella und Schinken nehmen.«

Den Backofen auf 180 °C Umluft vorheizen.

Die Tomaten in nicht zu dünne Scheiben schneiden und mit Salz und Pfeffer bestreuen. Den Mozzarella in etwas dünnere Scheiben schneiden.

Aus dem Blätterteig für Boden und Deckel der Pastete zwei Rechtecke ausrollen.

Ein Backblech mit Backpapier auslegen. Eine Teigplatte auf das Blech legen und die Schinkenscheiben darauf verteilen, dabei darauf achten, dass auf allen Seiten ein mindestens 2 cm breiter Rand frei bleibt (s. S. 85). Den Schinken mit den Tomatenscheiben belegen und mit dem Mozzarella abdecken.

Die Eier in einer Schale verquirlen und damit den Teig um die Füllung herum etwa 2 cm breit mit einem Pinsel dünn bestreichen (s. S. 85).

Die Füllung mit der zweiten Teigplatte abdecken. Den Teig um die Füllung herum leicht andrücken, sodass er deren Form annimmt. Die beiden Teigplatten durch leichten Druck auf den mit Ei bestrichenen Rand miteinander verbinden. Überschüssigen Teig bis auf etwa 2 cm zurückschneiden. Zum Schluss die Teigkanten versiegeln (s. S. 85).

Die Tourte mit dem restlichen verquirlten Ei bestreichen und mit einem dekorativen Muster versehen (s. S. 85).

Im vorgeheizten Backofen 30 Minuten backen. Herausnehmen und gleich servieren.

ZUBEREITUNG
45 Minuten

GARZEIT
30 Minuten

TOURTES

MIT SCHWEINEFILET

ZUTATEN

30 g Butter
500 g Schweinefilet
3 Prisen Salz
2 Prisen Pfeffer aus der Mühle
5 Stängel glatte Petersilie
1 Schalotte
150 g Champignons
500 g Blätterteig (s. S. 83)
2 Eier

6 PERSONEN

REZEPT GETESTET VON

JENNIFER PETRE

»Ideal für ein Familienfest.«

Den Backofen auf 180 °C Umluft vorheizen.

Die Hälfte der Butter in einer Pfanne bei hoher Temperatur zerlassen. Das Schweinefilet rundherum kurz anbräunen (aber keinesfalls durchgaren). Auf einen Teller legen und mit 2 Prisen Salz und 1 Prise Pfeffer bestreuen.

Die Petersilienblätter hacken, die Schalotte fein würfeln, die Champignons in kleine Würfel schneiden.

Die restliche Butter in eine Pfanne geben und bei mittlerer Temperatur zerlassen. Die Champignon- und Schalottenwürfel dazugeben, mit je 1 Prise Salz und Pfeffer bestreuen und 2 Minuten anschwitzen. Die Petersilie hinzufügen und alles unter Rühren noch 1 Minute erhitzen.

Aus dem Blätterteig für Boden und Deckel der Pastete zwei Rechtecke ausrollen. Ein Backblech mit Backpapier auslegen und eine Teigplatte auf das Blech legen. Die Hälfte der Champignon-Petersilien-Schalotten-Mischung auf den Teig geben und in Form des Filets verteilen. Das Filet daraufsetzen und mit der restlichen Mischung bedecken.

Die Eier in einer Schale verquirlen und den freigelassenen Teigrand damit dünn bestreichen (s. S. 85).

Die Füllung mit der zweiten Teigplatte abdecken. Den Teig um die Füllung herum leicht andrücken, sodass er deren Form annimmt. Die beiden Teigplatten durch leichten Druck auf den mit Ei bestrichenen Rand miteinander verbinden. Überschüssigen Teig bis auf etwa 2 cm zurückschneiden. Zum Schluss die Teigkanten versiegeln. Die Tourte mit dem restlichen verquirlten Ei bestreichen und mit einem dekorativen Muster versehen (s. S. 85).

Im vorgeheizten Ofen 30 Minuten backen und gleich servieren.

ZUBEREITUNG
45 Minuten

GARZEIT
30 Minuten

TOURTES

HUHN & HONIG

◆◆◆

ZUTATEN

1 Zucchini
1 Aubergine
1 Schuss Olivenöl
3 Prisen Salz
3 Prisen Pfeffer aus der Mühle
2 gehäufte TL Honig
500 g Hähnchenbrustfilet
500 g Blätterteig (s. S. 83)
2 Eier

6 PERSONEN

Die Zucchini und die Aubergine in etwa 0,5 cm große Würfel schneiden. Das Gemüse in zwei getrennten Pfannen jeweils in etwas Olivenöl bei mittlerer Hitze garen, bis es weich ist. Mit je 1 Prise Salz und Pfeffer bestreuen. Am Ende der Garzeit jeweils 1 gehäuften TL Honig unterrühren. Die Gemüsewürfel in eine Schüssel geben und vermischen. Auf Küchenpapier abtropfen lassen, anschließend in den Kühlschrank stellen.

Eine der Pfannen auswischen, etwas Olivenöl hineingeben und die Hähnchenbrustfilets bei hoher Temperatur von jeder Seite 20 Sekunden anbraten, sodass sie Farbe annehmen, aber nicht garen. Mit je 1 Prise Salz und Pfeffer bestreuen.

Den Backofen auf 180 °C Umluft vorheizen.

Aus dem Blätterteig für Boden und Deckel der Pastete zwei Rechtecke ausrollen. Ein Backblech mit Backpapier auslegen und eine Teigplatte auf das Blech legen. Die Hälfte der Gemüsewürfel in Form eines 2 cm hohen Rechtecks auf dem Teig verteilen, dabei auf allen Seiten mindestens einen 2 cm breiten Rand frei lassen (s. S. 85). Die Hähnchenbrustfilets daraufsetzen und mit dem restlichen Gemüse bedecken.

Die Eier in einer Schale verquirlen und damit den freigelassenen Rand um die Füllung herum etwa 2 cm breit mit einem Pinsel dünn bestreichen (s. S. 85).

Die zweite Teigplatte darauflegen und um die Füllung herum leicht andrücken, damit sie deren Form annimmt. Die beiden Teigplatten durch leichten Druck auf den mit Ei bestrichenen Rand miteinander verbinden. Überschüssigen Teig bis auf etwa 2 cm wegschneiden. Zum Schluss die Teigkanten versiegeln (s. S. 85).

Die Tourte mit dem restlichen verquirlten Ei bestreichen und mit einem dekorativen Muster versehen (s. S. 85).

Im heißen Ofen 30 Minuten backen. Herausnehmen und gleich servieren.

REZEPT GETESTET VON

MARIE MALET

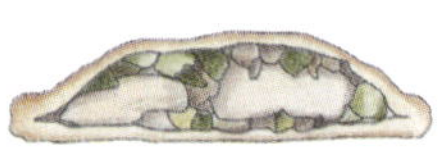

»Ein sehr einfaches Rezept und schnell gemacht; für ein Mittagessen im Sommer getestet und für gut befunden. Ich habe noch Thymianzweige dazugegeben, für eine provenzalische Note.«

ZUBEREITUNG
40 Minuten

GARZEIT
30 Minuten

TOURTES

FOURME, BIRNE & SCHWEINEFLEISCH

◆ ◆ ◆

ZUTATEN

2 feste Birnen
700 g Schweinenacken
2 TL Salz
2 Prisen Pfeffer aus der Mühle
3 Eier
50 g flüssige süße Sahne
250 g Fourme d'Ambert
(Blauschimmelkäse aus der Auvergne)
500 g Blätterteig (s. S. 83)

6 PERSONEN

REZEPT GETESTET VON

GILLES & NICOLAS

»Eine sehr reichhaltige Pastete, besonders willkommen an kalten Wintertagen.«

Die Birnen in den kalten Backofen legen und die Temperatur auf 160 °C Umluft einstellen. Die Birnen nach 30 Minuten herausnehmen und die Temperatur für das Backen der Tourte auf 180°C Umluft erhöhen.

Den Schweinenacken in etwa 1 cm große Würfel schneiden. In eine Schüssel geben, mit dem Salz und dem Pfeffer bestreuen und 2 Minuten kräftig durchmischen. 1 Ei und die Sahne dazugeben und alles sorgfältig zu einer homogenen Masse verarbeiten.

Die gegarten Birnen schälen, vierteln und vom Kerngehäuse befreien. Anschließend in etwa 1 cm große Würfel schneiden. Zu der Fleischmischung geben und gleichmäßig untermengen. Den Fourme d'Ambert in dicke, gleichmäßige Scheiben schneiden.

Aus dem Blätterteig für Boden und Deckel der Pastete zwei Kreise ausrollen. Ein Backblech mit Backpapier auslegen und einen Teigkreis auf das Blech legen. Die Schweinefleisch-Birnen-Mischung kreisförmig darauf verteilen, dabei rundherum einen mindestens 2 cm breiten Rand frei lassen. Mit den Käsescheiben abdecken.

Die beiden restlichen Eier in einer Schale verquirlen und damit den Teig um die Füllung herum etwa 2 cm breit mit einem Pinsel dünn bestreichen. Den zweiten Teigkreis darauflegen und um die Füllung herum leicht andrücken, sodass er deren Form annimmt. Die beiden Teigplatten durch leichten Druck auf den mit Ei bestrichenen Rand miteinander verbinden. Überschüssigen Teig bis auf etwa 2 cm wegschneiden. Zum Schluss die Teigkanten versiegeln. Die Tourte mit dem restlichen verquirlten Ei bestreichen und mit einem dekorativen Muster versehen (s. S. 85).

Im vorgeheizten Ofen 30 Minuten backen. Herausnehmen und gleich servieren.

ZUBEREITUNG
90 Minuten

GARZEIT
30 Minuten

TOURTES

DIE FESTLICHE

◆ ◆ ◆

ZUTATEN

500 g Schweinebauch wie gewachsen (400 g netto)
500 g Hähnchenbrustfilet
3 TL Salz
2 Prisen Pfeffer aus der Mühle
3 Eier
50 g flüssige süße Sahne
500 g Blätterteig (s. S. 83)

6 PERSONEN

Aus dem Schweinebauch falls nötig die Knochen auslösen. Die Schwarte abschneiden, die darunterliegende Fettschicht aber nicht entfernen. Den Schweinebauch in 7 mm große Würfel schneiden (s. S. 21).

Die Hähnchenbrustfilets in etwa 1,5 cm große Würfel schneiden (s. S. 51). Anschließend in den Kühlschrank stellen.

Die Schweinebauchwürfel in eine Schüssel (oder in die Küchenmaschine mit Flachrührereinsatz) geben, mit dem Salz und dem Pfeffer bestreuen und mit der Hand (oder auf niedriger Stufe in der Maschine) bearbeiten. 1 Ei und die Sahne dazugeben und alles zu einer homogenen Masse verarbeiten. Das Hähnchenfleisch hinzufügen und mit der Hand 5 Minuten kräftig durchkneten (oder auf niedriger Stufe in der Küchenmaschine bearbeiten; s. S. 21).

Aus dem Blätterteig für Boden und Deckel der Pastete zwei Kreise ausrollen. Ein Backblech mit Backpapier auslegen und einen Teigkreis auf das Blech geben. Die gesamte Füllung gleichmäßig darauf verteilen, dabei rundherum einen mindestens 2 cm breiten Rand frei lassen (s. S. 85).

Die beiden restlichen Eier in einer Schale verquirlen und damit den Teig um die Füllung herum etwa 2 cm breit mit einem Pinsel dünn bestreichen (s. S. 85).

Den zweiten Teigkreis darauflegen und um die Füllung herum leicht andrücken, sodass er deren Form annimmt. Die beiden Teigplatten durch leichten Druck auf den mit Ei bestrichenen Rand miteinander verbinden. Überschüssigen Teig bis auf einen etwa 2 cm breiten Rand zurückschneiden. Zum Schluss die Teigkanten fest versiegeln. Die Tourte mit dem restlichen verquirlten Ei bestreichen und mit einem dekorativen Muster versehen (s. S. 85).

Das Blech in den kalten Backofen schieben. Die Temperatur auf 180 °C Umluft einstellen und die Tourte 30 Minuten backen. Herausnehmen und gleich servieren.

REZEPT GETESTET VON

GILLES & NICOLAS

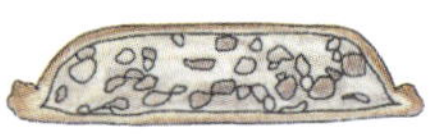

»Zu dieser Tourte passt wunderbar eine Pilzpfanne.«

ZUBEREITUNG
60 Minuten

GARZEIT
30 Minuten

TOURTES

KARTOFFELN & REBLOCHON

◆ ◆ ◆

ZUTATEN

200 g kleine festkochende Kartoffeln
2 Prisen Salz
1 Prise Pfeffer aus der Mühle
1 Reblochon (halbfester Schnittkäse aus Savoyen)
500 g Blätterteig (s. S. 83)
2 Eier

6 PERSONEN

Die Kartoffeln in siedendes Wasser geben und garen (sie sind gar, wenn man sie mit einem Messer leicht einstechen kann). Herausnehmen, pellen und in 1 cm dicke Scheiben schneiden. Mit Salz und Pfeffer bestreuen.

Den Reblochon quer halbieren, sodass zwei gleich große Scheiben entstehen.

Den Backofen auf 180 °C Umluft vorheizen.

Aus dem Blätterteig für Boden und Deckel der Pastete zwei Kreise ausrollen. Ein Backblech mit Backpapier auslegen und einen Teigkreis auf das Blech legen.

Eine Reblochon-Hälfte in die Mitte der Teigplatte legen, dabei darauf achten, dass rundherum ein mindestens 2 cm breiter Rand frei bleibt (s. S. 85). Den Käse mit den Kartoffelscheiben belegen und mit der zweiten Reblochon-Hälfte abdecken.

Die Eier in einer Schale verquirlen und damit den Teig um die Füllung herum etwa 2 cm breit dünn bestreichen. Den zweiten Teigkreis darauflegen und um die Füllung herum leicht andrücken, sodass er deren Form annimmt. Die beiden Teigplatten durch leichten Druck auf den mit Ei bestrichenen Rand miteinander verbinden (s. S. 85).

Überschüssigen Teig bis auf einen etwa 2 cm breiten Rand wegschneiden. Zum Schluss die Teigkanten fest versiegeln. Die Tourte mit dem restlichen verquirlten Ei bestreichen und mit einem dekorativen Muster versehen (s. S. 85).

Im vorgeheizten Ofen 30 Minuten backen. Herausnehmen und gleich servieren.

REZEPT GETESTET VON

CHARLES GATE

»Ein schnelles und einfaches Rezept, für heißhungrige Genießer!«

ZUBEREITUNG
60 Minuten

GARZEIT
30 Minuten

TOURTES

DIE PROVENZALISCHE

◆ ◆ ◆

ZUTATEN

550 g Schweinebauch wie gewachsen (400 g netto)
300 g Schweinenacken
3 TL Salz
2 Prisen Pfeffer aus der Mühle
2 TL Kräuter der Provence
500 g Blätterteig (s. S. 83)
50 g flüssige süße Sahne
3 Eier

6 PERSONEN

REZEPT GETESTET VON

GILLES & NICOLAS

»Zweifellos eines der einfachsten Rezepte dieser Kategorie.«

Aus dem Schweinebauch falls nötig die Knochen auslösen. Die Schwarte abschneiden, die darunterliegende Fettschicht aber nicht entfernen. Den Schweinebauch in 7 mm große Würfel schneiden (s. S. 21).

Den Schweinenacken in etwa 1,5 cm große Würfel schneiden (s. S. 51).

Die Schweinebauchwürfel in eine Schüssel (oder in die Küchenmaschine mit Flachrührereinsatz) geben, mit dem Salz, dem Pfeffer und den Kräutern der Provence bestreuen und mit der Hand (oder auf niedriger Stufe in der Maschine) bearbeiten. Die Sahne und 1 Ei dazugeben und alles zu einer homogenen Masse verarbeiten. Die Schweinenackenwürfel hinzufügen und die Masse mit der Hand 5 Minuten kräftig durchkneten (oder auf niedriger Stufe in der Küchenmaschine bearbeiten; s. S. 21).

Den Backofen auf 180 °C Umluft vorheizen.

Aus dem Blätterteig für Boden und Deckel der Pastete zwei Rechtecke ausrollen. Ein Backblech mit Backpapier auslegen und eine Teigplatte auf das Blech geben. Die gesamte Fleischmasse auf dem Teig verteilen, dabei an allen Seiten einen mindestens 2 cm breiten Rand frei lassen. Die restlichen Eier in einer Schale verquirlen und damit den Teig um die Füllung herum etwa 2 cm breit mit einem Pinsel dünn bestreichen. Die zweite Teigplatte darauflegen und um die Füllung herum leicht andrücken, sodass sie deren Form annimmt. Die beiden Teigplatten durch leichten Druck auf den mit Ei bestrichenen Rand miteinander verbinden (s. S. 85).

Überschüssigen Teig bis auf einen etwa 2 cm breiten Rand wegschneiden. Zum Schluss die Teigkanten fest versiegeln. Die Tourte mit dem restlichen verquirlten Ei bestreichen und mit einem dekorativen Muster versehen (s. S. 85). Im heißen Ofen 30 Minuten backen. Herausnehmen und gleich servieren.

ZUBEREITUNG
70 Minuten

GARZEIT
30 Minuten

TOURTES

MIT PIPERADE

◆ ◆ ◆

ZUTATEN

1 Zwiebel
2 Knoblauchzehen
1 rote Gemüsepaprika
1 grüne Gemüsepaprika
2 Tomaten
1 Schuss Olivenöl
1 TL Salz
2 Prisen Pfeffer aus der Mühle
1 Prise Piment d'Espelette
4 Eier
100 g Bayonner Schinken, in mitteldicke Scheiben geschnitten
500 g Blätterteig (s. S. 83)

6 PERSONEN

Die Zwiebel fein würfeln, die Knoblauchzehen mit der flachen Seite einer Messerklinge zerdrücken.

Die Paprikaschoten in schmale Streifen schneiden, dabei die Kerne und die weißen Trennwände entfernen. Die Tomaten achteln und entkernen.

In einer Pfanne etwas Olivenöl bei mittlerer Temperatur erhitzen und die Zwiebelwürfel darin anschwitzen. Die Paprikastreifen dazugeben und 10 Minuten mitgaren. Die Tomaten hinzufügen und alles 5 Minuten köcheln lassen. Salz, Pfeffer und Piment d'Espelette untermischen, 2 Eier und den Knoblauch dazugeben und alles 2 Minuten kräftig verrühren. Abschmecken.

Den Backofen auf 180 °C Umluft vorheizen.

Jede Schinkenscheibe in vier Stücke schneiden. Aus dem Blätterteig für Boden und Deckel der Pastete zwei Kreise ausrollen. Ein Backblech mit Backpapier auslegen und einen Teigkreis auf das Blech legen. Die Piperade kreisförmig auf dem Teig verteilen, dabei rundherum einen mindestens 2 cm breiten Rand frei lassen (s. S. 85). Mit dem Schinken abdecken.

Die restlichen Eier in einer Schale verquirlen und damit den Teig um die Füllung herum etwa 2 cm breit mit einem Pinsel dünn bestreichen. Den zweiten Teigkreis darauflegen und um die Füllung herum leicht andrücken, sodass er deren Form annimmt. Die beiden Teigplatten durch leichten Druck auf den mit Ei bestrichenen Rand miteinander verbinden. Überschüssigen Teig bis auf einen etwa 2 cm breiten Rand wegschneiden. Zum Schluss die Teigkanten fest versiegeln. Die Tourte mit dem restlichen verquirlten Ei bestreichen und mit einem dekorativen Muster versehen (s. S. 85).

Im heißen Ofen 30 Minuten backen. Herausnehmen und gleich servieren.

REZEPT GETESTET
VON

GILLES
& NICOLAS

»Wir lieben Piperade, das traditionelle baskische Paprikaomelett, deswegen mussten wir es auch im Blätterteigmantel probieren.«

ZUBEREITUNG
30 Minuten + 30 Minuten

GARZEIT
30 Minuten

RUHEZEIT
8 Stunden

TOURTES

LOTHRINGER ART

◆ ◆ ◆

ZUTATEN

300 g Kalbsnuss
300 g Schweinenacken
2 TL Salz
1 Prise Pfeffer aus der Mühle
1 ½ Schalotten (30 g)
½ Bund glatte Petersilie
100 ml Weißwein
500 g Blätterteig (s. S. 83)
2 Eier

6 PERSONEN

REZEPT GETESTET VON

GILLES & NICOLAS

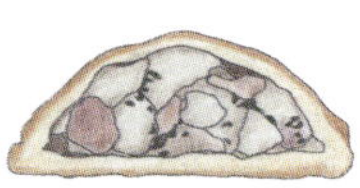

»Eines der schönsten regionalen Rezepte.«

Am Vortag
Das Kalb- und das Schweinefleisch in etwa 1 cm große Würfel schneiden, in eine Schüssel geben, mit dem Salz und dem Pfeffer bestreuen und alles gründlich vermengen. Die Schalotten und die Petersilienblätter fein hacken und zusammen mit dem Weißwein untermischen. Die Schüssel mit Frischhaltefolie abdecken, in den Kühlschrank stellen und das Fleisch mindestens 8 Stunden (idealerweise 24 Stunden) in der Marinade ziehen lassen.

Am folgenden Tag
Die Schüssel aus dem Kühlschrank nehmen, das Fleisch in ein Sieb geben und 15 Minuten abtropfen lassen.

Den Backofen auf 180 °C Umluft vorheizen.

Aus dem Blätterteig für Boden und Deckel der Pastete zwei Rechtecke ausrollen. Ein Backblech mit Backpapier auslegen und eine Teigplatte auf das Blech legen. Die gesamte abgetropfte Füllung auf den Teig geben und zu einem mindestens 5 cm hohen Rechteck formen, dabei einen 2 cm breiten Rand frei lassen (s. S. 85).

Die Eier in einer Schale verquirlen und damit den Teigboden um die Füllung herum etwa 2 cm breit mit einem Pinsel dünn bestreichen. Die zweite Teigplatte darüberlegen und um die Füllung herum leicht andrücken, sodass sie deren Form annimmt. Die beiden Teigplatten durch leichten Druck auf den mit Ei bestrichenen Rand miteinander verbinden (s. S. 85).

Überschüssigen Teig bis auf einen etwa 2 cm breiten Rand wegschneiden. Zum Schluss die Teigkanten fest versiegeln. Die Tourte mit dem restlichen verquirlten Ei bestreichen und mit einem Muster versehen (s. S. 85).

Im vorgeheizten Ofen 30 Minuten backen. Herausnehmen und gleich servieren.

RILLETTES

RILLETTE ZERKLEINERN & VERMENGEN

◆ ◆ ◆

Das Fleisch gart stundenlang in Schmalz, bis es seine charakteristische zart schmelzende Textur erhält. Entscheidend für ein optimales Ergebnis ist aber auch zum Schluss das sorgfältige Kleinzupfen des gegarten Fleischs mit den Fingern.

ZERKLEINERN SCHRITT FÜR SCHRITT

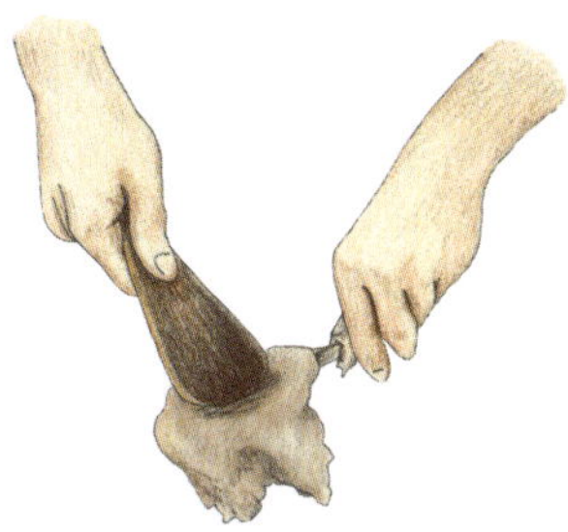

SCHRITT 1

Mit einem Holzspatel leicht auf das gegarte Fleisch drücken: Es soll so weich sein, dass es bei der Berührung zerfällt.

SCHRITT 2

Das leicht abgekühlte Fleisch in sehr feine Stücke zupfen.

VERMENGEN SCHRITT FÜR SCHRITT

SCHRITT 1

Das in einem Topf bei mittlerer Temperatur zerlassene Fett über das klein gezupfte Fleisch gießen.

SCHRITT 2

Mit einem Spatel gründlich vermengen.

ZUBEREITUNG
50 Minuten

GARZEIT
4 Stunden

RUHEZEIT
8 Stunden

RILLETTES

AUS LE MANS

◆ ◆ ◆

ZUTATEN

1 kg Schweinenacken
500 g Schweineschmalz
6 TL Salz
6 Prisen Pfeffer aus der Mühle

6 PERSONEN

Den Schweinenacken in 3 cm große Würfel schneiden.

Das Schmalz in einem Topf bei mittlerer Temperatur zerlassen. Die Temperatur herunterschalten, sodass das Fett nur leicht siedet. Die Fleischwürfel hineingeben und zugedeckt etwa 4 Stunden garen. Nach der Hälfte der Garzeit das Salz und den Pfeffer hinzufügen. Die Fleischstücke stündlich wenden, zum Schluss sollten sie sich mit einem Spatel leicht zerdrücken lassen.

Das Fleisch auf einen großen Teller geben, das Fett in eine Schüssel abgießen.

Die Fleischwürfel mit den Fingern faserig zerzupfen. In eine Schüssel geben und mit drei Vierteln des Fettes gründlich vermengen (s. S. 109).

Die Schüssel in den Kühlschrank stellen und in den nächsten 1 ½ Stunden alle 15 Minuten umrühren, bis eine homogene streichfähige Masse entstanden ist. Die Rillette 8 Stunden im Kühlschrank ruhen lassen. 30 Minuten vor dem Servieren herausnehmen.

Reste im Kühlschrank aufbewahren und innerhalb von 4 Tagen verbrauchen.

REZEPT GETESTET VON

GILLES & NICOLAS

»Ihre erste selbst gemachte Rillette werden Sie nie vergessen!«

PALLARES
SOLSONA

ZUBEREITUNG
50 Minuten

GARZEIT
2 Stunden 30 Minuten

RUHEZEIT
4 Stunden

RILLETTES

KANINCHEN MIT SENF

◆◆◆

ZUTATEN

2 Bund glatte Petersilie
2 Zwiebeln
1 Karotte
4 TL Salz
3 Prisen Pfeffer aus der Mühle
3 Knollen Knoblauch
1,5 kg Kaninchenkeulen
1 Bund Estragon
100 g körniger Dijon-Senf
1 Schuss Olivenöl

6 PERSONEN

REZEPT GETESTET VON

GILLES & NICOLAS

»Unser Tipp: Pommery-Senf aus Meaux verwenden.«

In einem großen Topf 1 ½ l Wasser mit 1 Bund Petersilie, einer grob gehackten Zwiebel und der in sechs Stücke geschnittenen Karotte sowie dem Salz und dem Pfeffer erhitzen. Knapp unter dem Siedepunkt 30 Minuten ziehen lassen.

Die Knoblauchknollen auf ein Backblech legen, in den kalten Backofen schieben und bei 180 °C Umluft 30 Minuten garen.

Die gegarten Knoblauchzehen abziehen, längs halbieren und falls nötig vom Keim befreien. Mithilfe einer Gabel fein zerdrücken.

Nach Ablauf der 30 Minuten die Kaninchenkeulen unzerteilt in den Topf mit der Brühe geben, dabei darauf achten, dass sämtliche Zutaten vollständig bedeckt sind. Das Fleisch etwa 2 Stunden sanft köcheln lassen.

Für die Garprobe mit einer Gabel in das Fleisch stechen: Wenn sie sich ohne Widerstand herausziehen lässt, sind die Kaninchenkeulen gar. Bei Raumtemperatur abkühlen lassen.

Die Estragon- und die restlichen Petersilienblätter grob hacken. Die zweite Zwiebel in feine Streifen schneiden.

Die Kaninchenkeulen von den Knochen befreien, das Fleisch mit den Fingern klein zupfen und in eine Schüssel geben (s. S. 109). Den Senf unterrühren, das Olivenöl, den zerdrückten Knoblauch, die gehackten Kräuter und die Zwiebelstreifen dazugeben und alles gründlich vermengen.

Die Rillette für 4 Stunden in den Kühlschrank stellen. 30 Minuten vor dem Servieren herausnehmen.

Reste im Kühlschrank aufbewahren und innerhalb von 4 Tagen verbrauchen.

ZUBEREITUNG
50 Minuten

GARZEIT
4 Stunden 35 Minuten

RUHEZEIT
8 Stunden

RILLETTES

AUS TOURS

◆ ◆ ◆

ZUTATEN

1 kg Schweinenacken
500 g Schweineschmalz
6 TL Salz
6 Prisen Pfeffer aus der Mühle

6 PERSONEN

Den Schweinenacken in 3 cm große Würfel schneiden.

Das Schweineschmalz in einem Topf bei hoher Temperatur zerlassen. Die Fleischwürfel dazugeben und etwa 20 Minuten bei gleichbleibend hoher Temperatur unter stetigem Rühren von allen Seiten kräftig bräunen.

Das Fleisch anschließend etwa 4 Stunden im leicht siedenden Fett garen, dabei stündlich umrühren. Nach 2 Stunden das Salz und den Pfeffer untermischen. Den Garprozess beenden, sobald sich das Fleisch mit einem Spatel leicht zerdrücken lässt. Die Fleischstücke aus dem Fett heben, etwas abkühlen lassen, dann mit den Händen klein zupfen (s. S. 109).

Das klein gezupfte Fleisch zurück in den Topf geben und bei hoher Temperatur etwa 15 Minuten unter stetigem Rühren Farbe annehmen lassen. Anschließend mit der Hälfte des Fettes in eine Schüssel geben und abkühlen lassen.

Die Schüssel nach dem Abkühlen in den Kühlschrank stellen und während der folgenden 1 ½ Stunden alle 15 Minuten umrühren, bis eine homogene, streichfähige Masse entstanden ist. Die Rillette anschließend weitere 8 Stunden im Kühlschrank ruhen lassen. 30 Minuten vor dem Servieren herausnehmen.

Reste im Kühlschrank aufbewahren und innerhalb von 4 Tagen verbrauchen.

REZEPT GETESTET VON

GILLES & NICOLAS

»Die karamellisierte Note verleiht ihr einen originellen Charakter.«

ZUBEREITUNG	GARZEIT	RUHEZEIT
30 Minuten	4 Stunden	8 Stunden

RILLETTES

ENTE & SCHWEIN

◆ ◆ ◆

ZUTATEN

500 g Schweinenacken
500 g Entenschmalz
3 Entenkeulen
6 TL feines Salz
6 Prisen Pfeffer aus der Mühle

6 PERSONEN

Den Schweinenacken in 4 cm große Würfel schneiden.

Das Entenschmalz in einem Topf bei mittlerer Temperatur zerlassen.

Die Temperatur herunterschalten, die Schweinenackenwürfel und die Entenkeulen in den Topf geben und in dem nur leicht siedenden Fett 4 Stunden sanft garen, dabei stündlich umrühren. Nach 2 Stunden das Salz und den Pfeffer untermischen. Zum Schluss sollte sich das Fleisch mit einem Spatel leicht zerdrücken lassen.

Das Schweine- und Entenfleisch auf eine Platte geben, das Fett in eine Schüssel gießen.

Die Entenkeulen von Haut und Knochen befreien.

Das Enten- und das Schweinefleisch mit den Händen klein zupfen (s. S. 109) und in eine Schüssel geben. Von dem Fett 1 Kelle abschöpfen und unter das Fleisch rühren. 15 Minuten ruhen lassen.

Den Vorgang wiederholen, bis die Hälfte des Fettes eingearbeitet ist. (Das restliche Fett aufbewahren und zum Braten von Würsten, Frikadellen usw. verwenden).

Die Schüssel in den Kühlschrank stellen. Während der folgenden 1 ½ Stunden alle 15 Minuten umrühren, bis eine homogene, streichfähige Masse entstanden ist. Die Rillette weitere 8 Stunden im Kühlschrank ruhen lassen. 30 Minuten vor dem Servieren herausnehmen.

Reste im Kühlschrank aufbewahren und innerhalb von 4 Tagen verbrauchen.

REZEPT GETESTET VON

LUDOVIC HOUPLAIN

»Eine köstliche und nicht ganz so üppige Rillette. Es empfiehlt sich, sie fest in eine Terrinenform zu drücken.«

DAS SCHWEIN

ES GILT ALS KÖNIG DER CHARCUTERIE

In früheren Zeiten wurde Schweinefleisch sehr geschätzt, weil es sich auf vielfältige Weise verwenden und gut konservieren ließ. Vom Schwein ist bekanntermaßen vom Kopf bis zu den Füßen alles verwertbar; das Fleisch eines einzigen Tieres ernährte eine ganze Familie mehrere Monate lang.

Heute ist das Schwein der absolute Favorit, wenn es um Wurst und Schinken geht: Sein Fleisch bietet ein optimales Verhältnis von Muskelfleisch und Fettgewebe und verleiht allen Zubereitungen eine unvergleichlich geschmeidige Konsistenz.

FRANZÖSISCHE SCHWEINERASSEN

PORC BLANC DE L'OUEST

Die Bretagne ist die Hauptregion der französischen Schweinezucht, und das »weiße Schwein des Westens«, eine sehr alte Rasse, die ursprünglich aus der Normandie stammt, steht für Fleisch von erstklassiger Qualität. Man erkennt die Rasse an ihrer hellen, fast rosafarbenen Haut und den über die Augen hängenden Ohren. Die in Freilandhaltung lebenden Tiere dürfen langsam wachsen und entwickeln auf diese Weise ein besonders hochwertiges Fett.

PORC NOIR DE BIGORRE

Das schwarze, halbwild gehaltene Bigorre-Schwein ist am Fuß der Pyrenäen beheimatet. Da das Fleisch dieser Rasse sehr fettreich ist, war es lange verpönt und demzufolge der Bestand der Rasse bedroht, aber dank der Initiative eines Züchterkollektivs ist es mittlerweile wieder sehr begehrt.
Diese Initiative war einer der größten Erfolge im Bemühen um den Schutz traditioneller Erzeugnisse der französischen Regionen. Das Fett, für das die Rasse einst verschmäht wurde, ist außergewöhnlich schmackhaft und hat ihr wieder zu großer Wertschätzung verholfen. Heute zählt das hocharomatische Fleisch des Bigorre-Schweins zu den bevorzugten Sorten der internationalen Spitzengastronomie.

PORC DE BAYEUX

Das Schwein aus Bayeux ist weiß mit schwarzen Flecken und leicht hängenden Ohren.
Die ausgesprochen robuste Rasse wird im westlichen Frankreich, von der Normandie bis hinunter in die Region Pays de la Loire, ganzjährig im Freiland gehalten. Wegen ihres langsamen Wachstums galten Bayeux-Schweine lange als zu wenig produktiv, und ihr Bestand war durch die mit der industriellen Tierhaltung verbundene Standardisierung bedroht. Mittlerweile erfreut sich das fein marmorierte und aromatische Fleisch dieser Tiere aber wieder großer Beliebtheit.

CUL NOIR DU LIMOUSIN

Wie ihr französischer Name schon sagt, ist diese robuste Rasse an ihrem schwarzen Hinterteil zu erkennen. Sie ist im Limousin, einer ländlichen Region im Südwesten Frankreichs, zu Hause. Erste Spuren der Rasse sind aus dem 16. Jahrhundert überliefert. Das Fleisch dieser Schweine wurde bis in die zweite Hälfte des 20. Jahrhunderts sehr geschätzt, aber wegen seines langsamen Wachstums und des hohen Fettanteils schien auch das Cul noir in der industrialisierten Massentierhaltung keine Chance zu haben. Glücklicherweise ist es heute wieder da und zählt zu den begehrtesten Schweinerassen Europas.

ZUBEREITUNG
30 Minuten

GARZEIT
4 Stunden

RUHEZEIT
8 Stunden

RILLETTES

GANS & SCHWEIN

ZUTATEN

500 g Schweinenacken
500 g Gänseschmalz
4 konfierte Gänsekeulen
6 TL feines Salz
6 Prisen Pfeffer aus der Mühle

6 PERSONEN

Den Schweinenacken in 4 cm große Würfel schneiden.

Das Gänseschmalz in einem großen Topf bei mittlerer Temperatur zerlassen.

Die Schweinenackenwürfel in den Topf geben und etwa 4 Stunden in dem schwach siedenden Fett garen.

Nach der Hälfte der Garzeit die Gänsekeulen, das Salz und den Pfeffer dazugeben.

Immer wieder umrühren, bis das Fleisch so weich ist, dass es sich mit einem Spatel leicht zerdrücken lässt.

Das Fleisch herausheben und auf eine Platte geben, das Fett in eine Schüssel gießen. Die Gänsekeulen von der Haut und den Knochen befreien.

Das Gänse- und das Schweinefleisch mit den Händen klein zupfen (s. S. 109) und in eine Schüssel geben. Von dem Fett 1 Kelle abschöpfen und unter das Fleisch rühren. 15 Minuten ruhen lassen. Den Vorgang wiederholen, bis die Hälfte des Fettes aufgebraucht ist (das restliche Fett aufbewahren und zum Braten von Würsten, Frikadellen usw. verwenden).

Die Schüssel in den Kühlschrank stellen. Die Rillette während der folgenden 1 ½ Stunden alle 15 Minuten umrühren, bis eine homogene, streichfähige Masse entstanden ist. Weitere 8 Stunden im Kühlschrank ruhen lassen. 30 Minuten vor dem Servieren herausnehmen.

Reste im Kühlschrank aufbewahren und innerhalb von 4 Tagen verbrauchen.

REZEPT GETESTET VON

GILLES & NICOLAS

»Für alle, die ein gutes Stück Fleisch zu schätzen wissen.«

ZUBEREITUNG
90 Minuten

GARZEIT
4 Stunden

RUHEZEIT
4 Stunden

RILLETTES À LA BÁNH MÌ

◆◆◆

ZUTATEN

2 Zucchini
1 Schuss Olivenöl
2 Knoblauchknollen
2 Bund Koriandergrün
1 Zwiebel | 2 Karotten
4 TL Salz, plus 1 Prise
4 Prisen Pfeffer aus der Mühle
500 g Schweinebauch
2 Hähnchenkeulen
½ Salatgurke
2 EL *nuoc-mâm* (vietnamesische Fischsauce, im Asialaden erhältlich)
3 EL Sojasauce

6 PERSONEN

Die beiden Zucchini der Länge nach halbieren, dann das Fruchtfleisch mit je 1 Prise Salz und Pfeffer bestreuen und mit etwas Olivenöl beträufeln. Die Zucchini mit den Knoblauchknollen in eine ofenfeste Form legen, in den kalten Backofen schieben und die Temperatur auf 160°C Umluft einstellen. Nach 45 Minuten den Knoblauch herausnehmen, die Zucchini weitere 30 Minuten garen. Das Fruchtfleisch mit einem Löffel herausschaben und beiseitestellen.

In einem großen Topf 2 ½ l Wasser mit 1 ½ Bund Koriandergrün, der gehackten Zwiebel, den halbierten Karotten sowie 4 TL Salz und 3 Prisen Pfeffer erhitzen und knapp unter dem Siedepunkt 30 Minuten ziehen lassen.

Nach Ablauf der 30 Minuten das in zwei Stücke geschnittene Schweinefleisch und die Hähnchenkeulen in die Brühe geben; bei Bedarf etwas Wasser nachgießen. Das Fleisch 3 ½ Stunden sanft köcheln lassen. Es ist durchgegart, wenn es sich mit einer Gabel widerstandslos einstechen lässt. Bei Raumtemperatur abkühlen lassen.

Die Knoblauchzehen abziehen und mit einer Gabel zerdrücken. Die Karottenstücke in feine Streifen schneiden. Die Gurke von den Kernen befreien und ebenfalls in feine Streifen schneiden. Restliche Korianderblätter grob hacken.

Die Hähnchenkeulen und den Schweinebauch von Haut und Knochen befreien, mit den Händen zerpflücken (s. S. 109) und in eine Schüssel geben. Sojasauce, *nuoc-mâm,* zerdrückten Knoblauch und das Zucchini-Fruchtfleisch hinzufügen und alles gründlich vermengen. Die Gurken- und Karottenstreifen und den gehackten Koriander zugeben und untermischen.

Die Rillette für 4 Stunden in den Kühlschrank stellen. 30 Minuten vor dem Servieren herausnehmen.

Reste im Kühlschrank aufbewahren und innerhalb von 4 Tagen verbrauchen.

REZEPT GETESTET VON

GILLES & NICOLAS

»Die traditionellen Zutaten für Bánh mì, das berühmte vietnamesische Sandwich, schicken uns auf die Reise.«

STAUB
STAUB

ZUBEREITUNG
60 Minuten

GARZEIT
2 Stunden 30 Minuten

RUHEZEIT
4 Stunden

RILLETTES

HUHN & TAPENADE

◆ ◆ ◆

ZUTATEN

1 Bund glatte Petersilie
1 Zwiebel
1 Karotte
4 TL Salz
3 Prisen Pfeffer aus der Mühle
1 Knoblauchzehe
200 g entsteinte schwarze Oliven
9 Kapern
5 Sardellen
5 EL Olivenöl
1 kg Hähnchenkeulen mit Knochen

6 PERSONEN

REZEPT GETESTET VON

SERGE YVORRA

»Hähnchen-Rillette, mit Tapenade verfeinert – ein wunderbares Rezept mit provenzalischem Charme.«

In einem großen Topf 2 ½ l Wasser mit dem Bund Petersilie, der grob gehackten Zwiebel, der in Stücke geschnittenen Karotte sowie dem Salz und dem Pfeffer erhitzen und knapp unter dem Siedepunkt 30 Minuten ziehen lassen.

Die Knoblauchzehe abziehen, vom Keim befreien und fein hacken.

Für die Tapenade die Oliven, die Kapern, die Sardellen und den gehackten Knoblauch mit dem Stabmixer pürieren und zur Bindung 3 EL Olivenöl hinzufügen.

Nach Ablauf der 30 Minuten die Hähnchenkeulen in die Brühe geben. Falls nötig etwas Wasser zugießen, damit alle Zutaten vollständig bedeckt sind. Das Fleisch etwa 2 Stunden sanft köcheln lassen. Wenn sich die Keulen mit einer Gabel widerstandslos einstechen lassen und das Fleisch sich von den Knochen löst, sind sie durchgegart.

Die abgekühlten Hähnchenkeulen von Haut und Knochen befreien, mit den Händen klein zupfen (s. S. 109) und in eine Schüssel geben.

Die Tapenade zu dem Hähnchenfleisch geben, alles gründlich vermengen und mit der Faust kräftig bearbeiten, bis die Textur einer Rillette erreicht ist. Die restlichen 2 EL Olivenöl untermischen und gegebenenfalls nachwürzen.

Die Rillette für 4 Stunden in den Kühlschrank stellen. 30 Minuten vor dem Servieren herausnehmen.

Reste im Kühlschrank aufbewahren und innerhalb von 4 Tagen verbrauchen.

ZUBEREITUNG
60 Minuten

GARZEIT
60 Minuten

RUHEZEIT
4 Stunden

RILLETTES

GEMÜSE-RILLETTE

ZUTATEN

3 Zucchini
2 Auberginen
Salz
Pfeffer aus der Mühle
4 EL Olivenöl
4 Tomaten
1 Bund Frühlingszwiebeln
1 rote Paprikaschote
1 Bund Koriandergrün

6 PERSONEN

Die Zucchini der Länge nach halbieren, die Auberginen der Länge nach achteln. Das Fruchtfleisch mit je 1 Prise Salz und Pfeffer bestreuen und mit etwas Olivenöl beträufeln.

Die Tomaten vierteln, den Stielansatz und das weiche Innere samt Kernen herausschneiden.

Von den Frühlingszwiebeln das Grün abschneiden und die Hälfte des Bundes beiseitelegen. Die Paprikaschote vierteln, die Kerne und die weißen Trennhäute entfernen.

Zucchini, Auberginen, Paprikaschote, Tomaten und Frühlingszwiebeln in eine ofenfeste Form geben und in den kalten Backofen schieben. Die Temperatur auf 160 °C Umluft einstellen. Nach 15 Minuten die Tomaten, nach 30 Minuten die Paprika und die Frühlingszwiebeln herausnehmen, die Auberginen und die Zucchini weitere 30 Minuten garen.

Die Tomaten- und Paprikastücke noch heiß enthäuten.

Das Fruchtfleisch der Zucchini und der Auberginen mit einem Teelöffel herausschaben, in eine Schüssel geben und mit einer Gabel zerdrücken.

Tomaten und Paprika sowie die restlichen rohen Frühlingszwiebeln in feine Streifen schneiden. Die Korianderblätter grob hacken. Alles zu den Zucchini und Auberginen in die Schüssel geben und untermengen. Mit Salz und Pfeffer würzen, mit dem restlichen Olivenöl beträufeln und erneut sorgfältig mischen.

Die Rillette für 4 Stunden in den Kühlschrank stellen. 30 Minuten vor dem Servieren herausnehmen.

Reste im Kühlschrank aufbewahren und innerhalb von 4 Tagen verbrauchen.

REZEPT GETESTET VON

ÉLISABETH DARETS

»Sehr einfaches Rezept, frisch und ideal für den Sommer.«

STAUB

ZUBEREITUNG
60 Minuten

GARZEIT
2 Stunden 30 Minuten

RUHEZEIT
4 Stunden

RILLETTES

HUHN & ESTRAGON

◆ ◆ ◆

ZUTATEN

1 Bund glatte Petersilie
1 Knoblauchknolle
1 Zwiebel
1 Karotte
6 TL Salz, plus 1 Prise
6 Prisen Pfeffer aus der Mühle
1 kg Hähnchenkeulen
2 Auberginen
6 EL Olivenöl
1 Bund Estragon

6 PERSONEN

In einem großen Topf 2 ½ l Wasser mit dem Bund Petersilie, der ganzen Knoblauchknolle, der grob gehackten Zwiebel und der in sechs Stücke geschnittenen Karotte sowie dem Salz und 5 Prisen Pfeffer erhitzen und knapp unter dem Siedepunkt 30 Minuten ziehen lassen.

Nach Ablauf der 30 Minuten die Hähnchenkeulen in die Brühe geben, dabei darauf achten, dass alle Zutaten vollständig bedeckt sind. Etwa 2 Stunden sanft köcheln lassen. Wenn sich die Keulen mit einer Gabel widerstandslos einstechen lassen, sind sie gar. Bei Raumtemperatur abkühlen lassen.

Die Auberginen der Länge nach achteln, das Fruchtfleisch mit 1 Prise Salz und Pfeffer bestreuen und mit 1 EL Olivenöl beträufeln. In eine ofenfeste Form legen und in den kalten Backofen schieben. Bei 180 °C Umluft 30 Minuten garen. Wenn sich das Fruchtfleisch mit einem Löffel leicht von der Schale lösen lässt, sind die Auberginen gar. Das Fruchtfleisch auf einen Teller geben und mit einer Gabel fein zerdrücken.

Die Estragonblätter von den Stängeln zupfen und halbieren.

Die abgekühlten Hähnchenkeulen von Haut und Knochen befreien, mit den Händen klein zupfen (s. S. 109) und in eine Schüssel geben. Das Auberginenpüree und die Estragonblätter dazugeben und mit der Faust kräftig bearbeiten, bis das Ganze die Textur einer Rillette angenommen hat.

Die restlichen 5 EL Olivenöl dazugeben und rühren, bis eine streichfähige Konsistenz erreicht ist. Falls nötig mit Salz und Pfeffer nachwürzen.

Die Rillette für 4 Stunden in den Kühlschrank stellen. 30 Minuten vor dem Servieren herausnehmen. Reste im Kühlschrank aufbewahren und innerhalb von 4 Tagen verbrauchen.

REZEPT GETESTET VON

CATHERINE VEROT

»So einfach! Während die Hähnchenkeulen köchelten, konnte ich sogar spazieren gehen. Und es fällt kaum Abwasch an!«

ZUBEREITUNG
90 Minuten

GARZEIT
4 Stunden 30 Minuten

RUHEZEIT
4 Stunden

RILLETTES

RINDER-RILLETTE

ZUTATEN

2 Bund glatte Petersilie
2 Knoblauchzehen
2 Zwiebeln, grob gehackt
1 Karotte
6 TL Salz + 2 Prisen
4 Prisen Pfeffer aus der Mühle
500 g Tomaten
2 Schuss Olivenöl
1 Aubergine
1 Bund Estragon
1 kg Querrippe vom Rind
100 g Cornichons
2 rote Zwiebeln

6 PERSONEN

REZEPT GETESTET VON

GILLES & NICOLAS

»Leicht und frisch – perfekt für heiße Sommertage.«

In einem großen Topf 2 ½ l Wasser mit 1 ½ Bund Petersilie, den Knoblauchzehen, den grob gehackten Zwiebeln und der in 6 Stücke geschnittenen Karotte sowie 6 TL Salz und 3 Prisen Pfeffer erhitzen und knapp unter dem Siedepunkt 30 Minuten ziehen lassen.

Die Tomaten vierteln, den Stielansatz und das weiche Innere mit den Kernen herausschneiden und in die Brühe geben. Die Tomatenviertel auf ein Backblech geben, mit je 1 Prise Salz und Pfeffer bestreuen und mit etwas Olivenöl beträufeln.

Die Aubergine der Länge nach achteln, zu den Tomaten auf das Backblech legen, ebenfalls mit je 1 Prise Salz und Pfeffer bestreuen und mit etwas Olivenöl beträufeln.

Das Backblech in den kalten Backofen schieben und die Temperatur auf 160 °C Umluft einstellen. Die Tomaten nach 15 Minuten herausnehmen, die Auberginen weitere 45 Minuten garen. Von den noch heißen Tomatenvierteln die Haut abziehen. Das Fruchtfleisch der gegarten Auberginen mit einem Teelöffel von der Schale lösen, zerdrücken und beiseitestellen. Die restlichen Petersilien- und die Estragonblätter fein hacken.

Nach Ablauf der 30 Minuten für die Brühe das Fleisch hineingeben. Bei Bedarf Wasser zugießen, damit alles bedeckt ist. Das Fleisch etwa 4 Stunden sanft köcheln lassen. Es ist gar, wenn es sich mit einer Gabel leicht einstechen lässt. Bei Raumtemperatur abkühlen lassen.

Die Cornichons, die roten Zwiebeln und die Tomatenviertel in 1 mm breite Streifen schneiden. Das Fleisch mit den Händen klein zupfen (s. S. 109) und in eine Schüssel geben.

Das Fleisch mit Cornichons, Zwiebeln, Tomaten, Auberginenpüree, Estragon und Petersilie vermengen. Nach Belieben Olivenöl und etwas Essig dazugeben und untermischen. Die Rillette für 4 Stunden in den Kühlschrank stellen. 30 Minuten vor dem Servieren herausnehmen. Reste im Kühlschrank aufbewahren und innerhalb von 3 Tagen verbrauchen.

STAUB
STAUB

SPIRITUOSEN

SUBTIL UND AROMATISCH

Wie ein Gewürz kann auch ein vorsichtig dosierter Wein oder eine Spirituose Terrinen, Pasteten und Würste aromatisieren. Der Alkohol soll den Eigengeschmack der anderen Zutaten unterstreichen, ohne ihn jedoch zu überdecken. Als Grundregel für dieses feine Zusammenspiel gilt, dass die hinzugefügte Alkoholmenge maximal 2 % des Gesamtgewichts der Zubereitung betragen darf.

SPIRITUOSEN UND CHARCUTERIE: KLASSISCHE KOMBINATIONEN

ARMAGNAC

Der Weinbrand mit geschützter Herkunftsbezeichnung wird im Südwesten Frankreichs in der Region Armagnac hergestellt, die die Departements Gers, Landes und Lot-et-Garonne umfasst. Armagnac wird ähnlich wie Cognac verwendet, wird aber anders gebrannt und nur einmal destilliert.

COGNAC

Cognac darf nur aus Weißweinen aus dem gleichnamigen Anbaugebiet im Departement Charente gebrannt werden. Er verleiht Pasteten und Terrinen einen besonderen Charakter. Junger Cognac hat fruchtige und blumige Noten, mit zunehmender Reifung treten holzige und würzige Aromen in den Vordergrund.

MADEIRA

Die Trauben für diesen portugiesischen Likörwein wachsen auf der Vulkaninsel Madeira, die vor der marokkanischen Küste im Atlantik liegt. Die mit Branntwein angereicherten Madeiraweine werden häufig für Charcuterie-Zubereitungen verwendet, ähnlich wie Portwein, sie bringen aber mehr Säure mit.

PORTWEIN

Der Süßwein ist nach der portugiesischen Hafenstadt Porto benannt, das Weinbaugebiet liegt aber im Douro-Tal. Seine schöne Süße und der relativ hohe Alkoholgehalt bereichert traditionelle Pastetenrezepte (s. S. 22, 26). Für bestimmte klassische Zubereitungen lässt sich Cognac oder Armagnac durch Portwein ersetzen, wenn eine süßlichere Note erwünscht ist.

WEIN

Wein ist eine beliebte Zutat für Pasteten und Terrinen, aber auch für Würste. Er gibt Geschmack und hat dabei einen vergleichsweise niedrigen Alkoholgehalt. Für Charcuterie empfiehlt sich eine Sorte mit kräftigen Aromen, da sich feinere Noten während des Garens verflüchtigen können.

BRATWURST & FRIKADELLEN

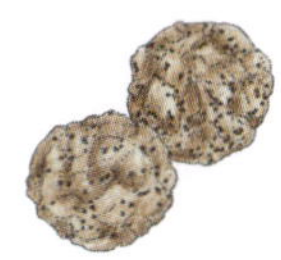

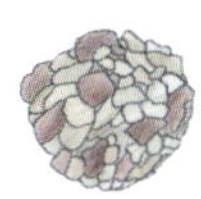

EINE WURST FÜLLEN

◆ ◆ ◆

Um zu Hause Wurst herzustellen, braucht man ein bisschen handwerkliches Geschick, aber nicht unbedingt professionelles Gerät: außer der Wurstmasse eigentlich nur einen Spritzbeutel sowie Naturdarm zum Einfüllen.
Rechnen Sie pro Kilo Wurstmasse mit etwa 2 m Darm, der beim Fleischer vorbestellt werden muss.

EINE WURST FÜLLEN SCHRITT FÜR SCHRITT

SCHRITT 1

Den Naturdarm in handwarmes Wasser legen.

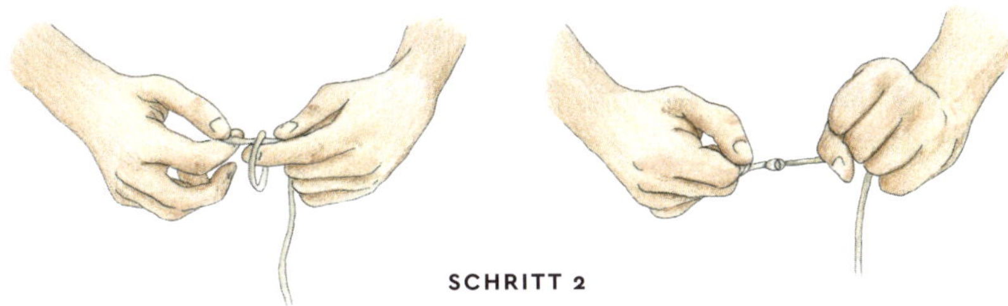

SCHRITT 2

Den gewässerten Darm an einem Ende mit einem Knoten verschließen.

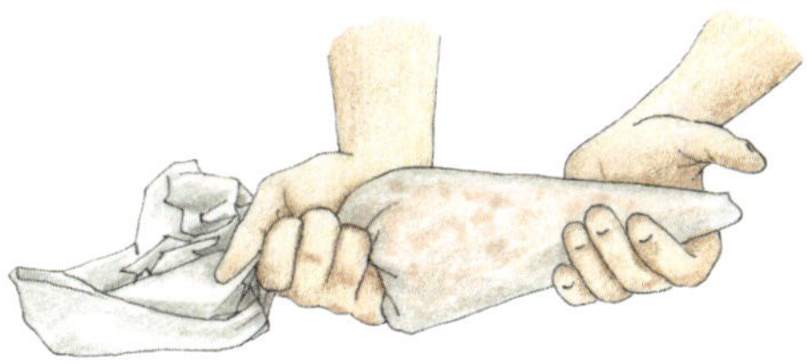

SCHRITT 3

Die Wurstmasse in einen Spritzbeutel füllen.

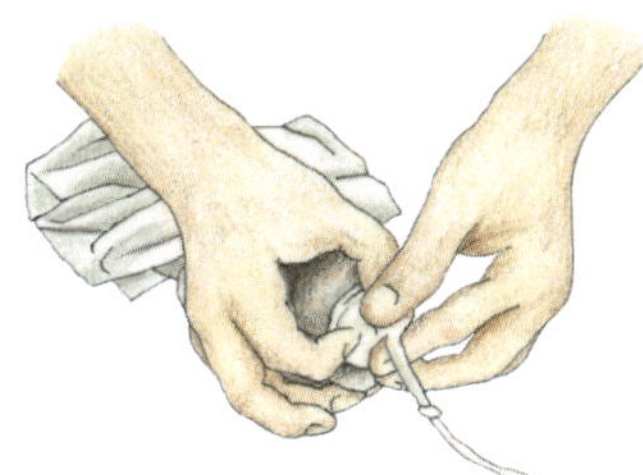

SCHRITT 4

Den Darm auf den Spritzbeutel ziehen.

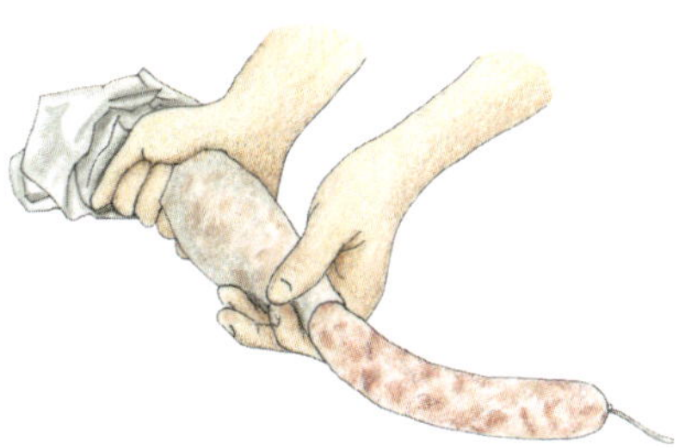

SCHRITT 5

Die Wurstmasse in den Darm drücken, dabei darauf achten, dass keine Lufteinschlüsse entstehen.

SCHRITT 6

Den gefüllten Darm im Abstand der gewünschten Wurstlänge mit Daumen und Zeigefinger zusammendrücken und einige Male nach rechts drehen. Bei der folgenden Wurst die Drehrichtung wechseln.

SCHRITT 7

Zum Schluss die abgedrehten Würste an den Enden voneinander trennen.

FRIKADELLEN FORMEN

Bei allen Rezepten in diesem Kapitel haben Sie die Wahl: Die Masse lässt sich entweder in einen Darm füllen und zu Wurst verarbeiten, oder man formt ganz einfach Frikadellen daraus. Das schmeckt genauso gut!

SCHRITT FÜR SCHRITT FRIKADELLEN FORMEN

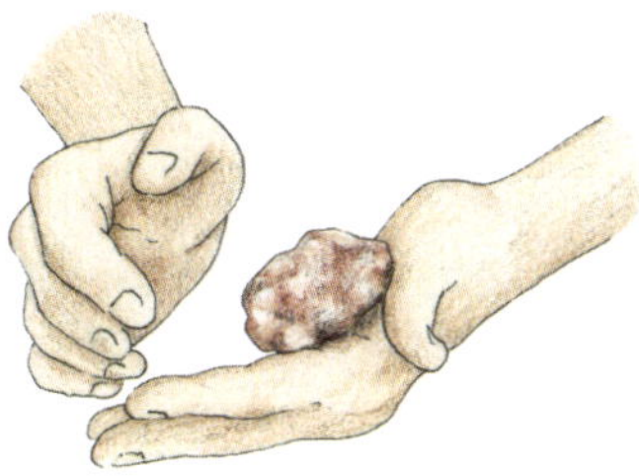

SCHRITT 1

Etwas Fleischmasse zu einer Kugel formen und von einer Hand in die andere werfen.

SCHRITT 2

Zwischen den Handflächen zusammendrücken, damit die Luft entweicht.

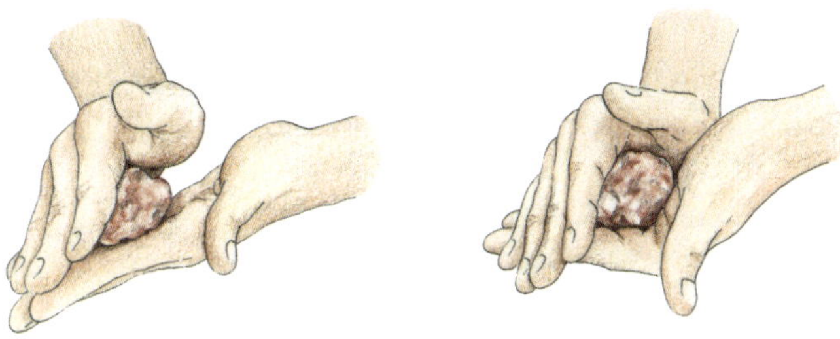

SCHRITT 3

Die Masse zwischen den Handflächen rollen, bis eine Kugel entstanden ist.

GUT IN FORM

RUND

Damit zu Bällchen geformte Frikadellen gleichmäßig garen, gart man sie am besten im Backofen.

FLACH

Werden die Frikadellen in der Pfanne gebraten, empfiehlt es sich, sie vorher etwas flach zu drücken.

ZUBEREITUNG
45 Minuten

BRATWURST & FRIKADELLEN

CIPOLLATA

◆ ◆ ◆

ZUTATEN

600 g Schweinebauch wie gewachsen (450 g netto)
450 g Schweinenacken
3 TL Salz
4 Prisen Pfeffer aus der Mühle
Fett zum Braten

5 PERSONEN

Aus dem Schweinebauch falls nötig die Knochen auslösen. Die Schwarte abschneiden, die darunterliegende Fettschicht aber nicht entfernen. Den Schweinebauch in etwa 7 mm große Würfel schneiden (s. S. 21).

Den Schweinenacken ebenfalls in etwa 7 mm große Würfel schneiden.

Die Schweinebauchwürfel in eine Schüssel (oder in die Küchenmaschine mit Flachrührereinsatz) geben, mit dem Salz und dem Pfeffer bestreuen und mit der Hand (oder auf niedriger Stufe in der Maschine) bearbeiten (s. S. 21). Den gewürfelten Schweinenacken hinzufügen.

Die Masse 5 Minuten kräftig mit der Hand durchkneten (oder auf niedriger Stufe in der Küchenmaschine bearbeiten).

Die Masse zu Würsten (s. S. 137) oder zu Frikadellen (s. S. 139) weiterverarbeiten.

Im Backofen garen oder in der Pfanne braten und heiß servieren.

REZEPT GETESTET VON

GILLES & NICOLAS

»Klassisch, einfach, aber wirklich gut.«

ZUBEREITUNG
60 Minuten

BRATWURST & FRIKADELLEN

MIT KRÄUTERN

◆ ◆ ◆

ZUTATEN

600 g Schweinebauch wie gewachsen (450 g netto)
450 g Schweinenacken
4 Knoblauchzehen
½ Bund glatte Petersilie
½ Bund Kerbel
½ Bund Estragon
3 TL Salz
4 Prisen Pfeffer aus der Mühle
Fett zum Braten

5 PERSONEN

Aus dem Schweinebauch falls nötig die Knochen auslösen. Die Schwarte abschneiden, die darunterliegende Fettschicht aber nicht entfernen. Den Schweinebauch in etwa 7 mm große Würfel schneiden (s. S. 21).

Den Schweinenacken ebenfalls in etwa 7 mm große Würfel schneiden.

Die Knoblauchzehen abziehen, mit dem Handballen zerdrücken und so fein wie möglich hacken.

Die Petersilien-, Kerbel- und Estragonblätter grob hacken.

Die Schweinebauchwürfel in eine Schüssel (oder in die Küchenmaschine mit Flachrührereinsatz) geben, mit dem Salz und dem Pfeffer bestreuen und mit der Hand (oder auf niedriger Stufe in der Maschine) bearbeiten (s. S. 21). Die Schweinenackenwürfel, den Knoblauch und die Kräuter dazugeben.

Die Masse 5 Minuten kräftig mit der Hand durchkneten (oder auf niedriger Stufe in der Küchenmaschine bearbeiten).

Die Masse zu Würsten (s. S. 137) oder zu Frikadellen (s. S. 139) weiterverarbeiten.

Im Backofen garen oder in der Pfanne braten und heiß servieren.

REZEPT GETESTET VON

GILLES & NICOLAS

»Wenn man die Frikadellen vor dem Braten über Nacht in den Kühlschrank stellt, werden sie fester.«

ZUBEREITUNG
50 Minuten

BRATWURST & FRIKADELLEN

MIT CHEDDAR

◆◆◆

ZUTATEN

600 g Schweinebauch wie gewachsen (450 g netto)
450 g Schweinenacken
150 g Cheddar
3 TL Salz
4 Prisen Pfeffer aus der Mühle
Fett zum Braten

5 PERSONEN

Aus dem Schweinebauch falls nötig die Knochen auslösen. Die Schwarte abschneiden, die darunterliegende Fettschicht aber nicht entfernen. Den Schweinebauch in etwa 7 mm große Würfel schneiden (s. S. 21).

Den Schweinenacken in etwa 7 mm große Würfel schneiden. Den Cheddar in doppelt so große Würfel schneiden.

Die Schweinebauchwürfel in eine Schüssel (oder in die Küchenmaschine mit Flachrührereinsatz) geben, mit dem Salz und dem Pfeffer bestreuen und mit der Hand (oder auf niedriger Stufe in der Maschine) bearbeiten (s. S. 21).

Für Würste jetzt die Schweinenacken- und Cheddarwürfel hinzufügen, für Frikadellen den Käse zunächst beiseitelassen und später beim Formen in die Mitte geben, damit sie nach dem Braten einen schmelzenden Kern haben.

Die Masse 5 Minuten kräftig mit der Hand durchkneten (oder in der Küchenmaschine auf niedriger Stufe bearbeiten).

Die Masse zu Würsten (s. S. 137) oder zu Frikadellen (s. S. 139) weiterverarbeiten.

Im Backofen garen oder in der Pfanne braten und heiß servieren.

REZEPT GETESTET VON

JOËL CHUPEAU

»Schwein und Cheddar ergänzen sich prächtig, und weil das Fleisch mit dem Messer geschnitten wurde, hat die Wurst einen schönen Biss.«

ZUBEREITUNG
45 Minuten

BRATWURST & FRIKADELLEN

À LA MERGUEZ

ZUTATEN

300 g Lammbrust wie gewachsen (250 g netto)
750 g Lammschulter ohne Knochen
3 TL Salz
4 Prisen Pfeffer aus der Mühle
1 TL Paprikapulver
2 Prisen Kreuzkümmel
2 Prisen Paprikapulver edelsüß
Fett zum Braten

5 PERSONEN

Aus der Lammbrust falls nötig die Knochen auslösen. Die Haut abschneiden, die darunterliegende Fettschicht aber nicht entfernen. Die Lammbrust in etwa 7 mm große Würfel schneiden (s. S. 21).

Die Lammschulter ebenfalls in etwa 7 mm große Würfel schneiden.

Die Fleischwürfel in eine Schüssel (oder in die Küchenmaschine mit Flachrühreinsatz) geben, mit dem Salz, dem Pfeffer und den Gewürzen bestreuen, dann mit der Hand (oder auf niedriger Stufe in der Maschine) durchkneten (s. S. 21).

Die Masse zu Würsten (s. S. 137) oder zu Frikadellen (s. S. 139) weiterverarbeiten.

Im Backofen garen oder in der Pfanne braten und heiß servieren.

REZEPT GETESTET VON

GILLES & NICOLAS

»Eine coole Version, die sich auch für ein Couscous anbieten würde.«

ZUBEREITUNG
60 Minuten

BRATWURST & FRIKADELLEN

MIT BEAUJOLAIS

◆ ◆ ◆

ZUTATEN

1 kleine Zwiebel (50 g)
2 Schalotten (50 g)
50 g Räucherspeck
15 g Butter
600 g Schweinebauch wie gewachsen (450 g netto)
450 g Schweinenacken
50 ml Beaujolais
3 TL Salz
4 Prisen Pfeffer aus der Mühle
Fett zum Braten

5 PERSONEN

REZEPT GETESTET VON

GILLES & NICOLAS

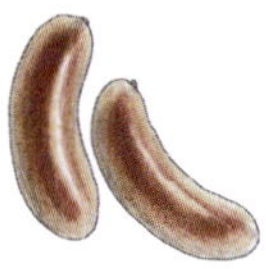

»Dazu empfiehlt sich eine Flasche Morgon, ein Rotwein aus dem Beaujolais.«

Die Zwiebel und die Schalotten grob hacken, den Speck fein würfeln.

Die Butter in einer Pfanne bei mittlerer Temperatur zerlassen und die Zwiebel- und Schalottenwürfel darin anschwitzen, bis sie weich sind. Gegen Ende der Garzeit die Speckwürfel für 30 Sekunden dazugeben.

Aus dem Schweinebauch falls nötig die Knochen auslösen. Die Schwarte abschneiden, die darunterliegende Fettschicht aber nicht entfernen. Den Schweinebauch in etwa 7 mm große Würfel schneiden (s. S. 21).

Den Schweinenacken ebenfalls in etwa 7 mm große Würfel schneiden.

Die Schweinebauchwürfel in eine Schüssel (oder in die Küchenmaschine mit Flachrührereinsatz) geben, mit dem Salz und dem Pfeffer bestreuen und mit der Hand (oder auf niedriger Stufe in der Maschine) bearbeiten (s. S. 21).

Den gewürfelten Schweinenacken, den Wein, die Zwiebel-, Schalotten- und Speckwürfel hinzufügen und die Masse 5 Minuten kräftig mit der Hand durchkneten (oder auf niedriger Stufe in der Küchenmaschine).

Die Masse zu Würsten (s. S. 137) oder zu Frikadellen (s. S. 139) weiterverarbeiten.

Im Backofen garen oder in der Pfanne braten und heiß servieren.

ZUBEREITUNG
45 Minuten

BRATWURST & FRIKADELLEN

MIT SENF

ZUTATEN

650 g Schweinebauch wie gewachsen (500 g netto)
500 g Schweinenacken
3 TL Salz
4 Prisen Pfeffer aus der Mühle
100 g körniger Dijon-Senf
Fett zum Braten

5 PERSONEN

Aus dem Schweinebauch falls nötig die Knochen auslösen. Die Schwarte abschneiden, die darunterliegende Fettschicht aber nicht entfernen. Den Schweinebauch in etwa 7 mm große Würfel schneiden (s. S. 21).

Den Schweinenacken in etwa 7 mm große Würfel schneiden.

Die Schweinebauchwürfel in eine Schüssel (oder in die Küchenmaschine mit Flachrührereinsatz) geben, mit dem Salz und dem Pfeffer bestreuen und mit der Hand (oder auf niedriger Stufe in der Maschine) bearbeiten (s. S. 21). Den gewürfelten Schweinenacken und den Senf hinzufügen.

Die Masse 5 Minuten kräftig mit der Hand durchkneten (oder auf niedriger Stufe in der Küchenmaschine).

Die Masse zu Würsten (s. S. 137) oder zu Frikadellen (s. S. 139) weiterverarbeiten.

Im Backofen garen oder in der Pfanne braten und heiß servieren.

REZEPT GETESTET VON

FARIS ISSAD

»Sehr einfaches Rezept, schnell zubereitet mit köstlichem Ergebnis. Im Backofen gelingen die Frikadellen am besten.«

ZUBEREITUNG
80 Minuten

BRATWURST & FRIKADELLEN

MIT WIRSING

ZUTATEN

1 kleine Zwiebel (50 g)
300 g Wirsing
50 g Räucherspeck
15 g Butter
550 g Schweinebauch wie gewachsen (400 g netto)
400 g Schweinenacken
3 TL Salz
4 Prisen Pfeffer aus der Mühle
Fett zum Braten

5 PERSONEN

Die Zwiebel grob hacken. Die Wirsingblätter in feine Streifen schneiden. Den Speck fein würfeln.

Die Butter in einer Pfanne bei mittlerer Temperatur zerlassen, die Zwiebelwürfel und die Wirsingstreifen darin sanft anschwitzen, bis sie weich sind. Gegen Ende der Garzeit die Speckwürfel für 1 Minute dazugeben. Anschließend alles auf Küchenpapier abtropfen lassen.

Aus dem Schweinebauch falls nötig die Knochen auslösen. Die Schwarte abschneiden, die darunterliegende Fettschicht aber nicht entfernen. Den Schweinebauch in etwa 7 mm große Würfel schneiden (s. S. 21).

Den Schweinenacken ebenfalls in etwa 7 mm große Würfel schneiden.

Die Schweinebauchwürfel in eine Schüssel (oder in die Küchenmaschine mit Flachrührereinsatz) geben, mit dem Salz und dem Pfeffer bestreuen und mit der Hand (oder auf niedriger Stufe in der Maschine) bearbeiten (s. S. 21). Den gewürfelten Schweinenacken, die Wirsingstreifen, die Zwiebel- und die Speckwürfel hinzufügen und untermengen.

Die Masse 5 Minuten kräftig mit der Hand durchkneten (oder auf niedriger Stufe in der Küchenmaschine).

Die Masse zu Würsten (s. S. 137) oder zu Frikadellen (s. S. 139) weiterverarbeiten.

Im Backofen garen oder in der Pfanne braten und heiß servieren.

REZEPT GETESTET VON

GILLES & NICOLAS

»Man kann den Wirsing durch ein Romanasalatherz ersetzen.«

ZUBEREITUNG
70 Minuten

BRATWURST & FRIKADELLEN

AUS DEN BERGEN

ZUTATEN

500 g Schweinebauch wie gewachsen (350 g netto)
350 g Schweinenacken
1 kleine Zwiebel (50 g)
200 g Reblochon
150 g Räucherspeck
15 g Butter
1 TL Salz
2 Prisen Pfeffer aus der Mühle
1 EL Weißwein
Fett zum Braten

5 PERSONEN

REZEPT GETESTET VON

GILLES & NICOLAS

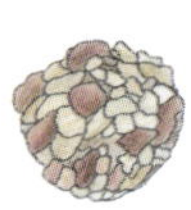

»Wir haben die Masse auf gut Glück wie einen Fladen im Backofen gegart, und das hat gut funktioniert.«

Aus dem Schweinebauch falls nötig die Knochen auslösen. Die Schwarte abschneiden, die darunterliegende Fettschicht aber nicht entfernen. Den Schweinebauch in etwa 7 mm große Würfel schneiden (s. S. 21).

Den Schweinenacken ebenfalls in etwa 7 mm große Würfel schneiden.

Die Zwiebel fein hacken. Den Reblochon in etwa 1,4 cm große Würfel schneiden, den Räucherspeck fein würfeln.

Die Butter in einer Pfanne bei mittlerer Temperatur zerlassen und die Zwiebelwürfel darin anschwitzen, bis sie weich sind. Gegen Ende der Garzeit die Speckwürfel für 1 Minute dazugeben. Anschließend alles auf Küchenpapier abtropfen lassen.

Die Schweinebauchwürfel in eine Schüssel (oder in die Küchenmaschine mit Flachrührereinsatz) geben, mit dem Salz und dem Pfeffer bestreuen und mit der Hand (oder auf niedriger Stufe in der Maschine) bearbeiten (s. S. 21). Den gewürfelten Schweinenacken, den Wein, die Speck- und Zwiebelwürfel untermengen.

Für Würste jetzt auch die Käsewürfel hinzufügen, für Frikadellen den Käse zunächst beiseitelassen und später beim Formen in die Mitte geben, damit sie nach dem Braten einen schmelzenden Kern haben.

Die Masse 5 Minuten kräftig mit der Hand durchkneten (oder auf niedriger Stufe in der Küchenmaschine).

Die Masse zu Würsten (s. S. 137) oder zu Frikadellen (s. S. 139) weiterverarbeiten.

Im Backofen garen oder in der Pfanne braten und heiß servieren.

ZUBEREITUNG
50 Minuten

BRATWURST & FRIKADELLEN

WIE IN THAILAND

♦ ♦ ♦

ZUTATEN

5 g Zitronengras
5 g frischer Ingwer
650 g Schweinebauch wie gewachsen (500 g netto)
500 g Schweinenacken
3 TL Salz
4 Prisen Pfeffer aus der Mühle
2 g Kurkuma
1 TL Sojasauce
Fett zum Braten

5 PERSONEN

REZEPT GETESTET VON

GILLES & NICOLAS

»Die Gewürze verleihen den Frikadellen den richtigen Pep.«

Das Zitronengras fein hacken, den Ingwer reiben.

Aus dem Schweinebauch falls nötig die Knochen auslösen. Die Schwarte abschneiden, die darunterliegende Fettschicht aber nicht entfernen. Den Schweinebauch in etwa 7 mm große Würfel schneiden (s. S. 21).

Den Schweinenacken in etwa 7 mm große Würfel schneiden.

Die Schweinebauchwürfel in eine Schüssel (oder in die Küchenmaschine mit Flachrührereinsatz) geben, mit dem Salz und dem Pfeffer bestreuen und mit der Hand (oder auf niedriger Stufe in der Maschine) bearbeiten (s. S. 21). Den gewürfelten Schweinenacken, das Zitronengras, den Ingwer, Kurkuma und Sojasauce hinzufügen und untermengen.

Die Masse 5 Minuten kräftig mit der Hand durchkneten (oder auf niedriger Stufe in der Küchenmaschine).

Die Masse zu Würsten (s. S. 137) oder zu Frikadellen (s. S. 139) weiterverarbeiten.

Im Backofen garen oder in der Pfanne braten und heiß servieren.

ZUBEREITUNG
75 Minuten

BRATWURST & FRIKADELLEN

LÄNDLICHE ART

◆ ◆ ◆

ZUTATEN

250 g Kartoffeln
500 g Schweinebauch wie gewachsen (350 g netto)
350 g Schweinenacken
1 Schalotte (30 g)
2 Knoblauchzehen
3 Stängel glatte Petersilie
3 TL Salz
4 Prisen Pfeffer aus der Mühle
Fett zum Braten

5 PERSONEN

Die Kartoffeln schälen und in kochendem Wasser garen.

Aus dem Schweinebauch falls nötig die Knochen auslösen. Die Schwarte abschneiden, die darunterliegende Fettschicht aber nicht entfernen. Den Schweinebauch in etwa 7 mm große Würfel schneiden (s. S. 21).

Den Schweinenacken in etwa 7 mm große Würfel schneiden und anschließend beiseitestellen.

Die gekochten Kartoffeln in doppelt so große Würfel schneiden.

Die Schalotte, die Knoblauchzehen und die Petersilie so fein wie möglich hacken.

Die Schweinebauchwürfel in eine Schüssel (oder in die Küchenmaschine mit Flachrührereinsatz) geben, mit dem Salz und dem Pfeffer bestreuen und mit der Hand (oder auf niedriger Stufe in der Maschine) bearbeiten (s. S. 21). Den gewürfelten Schweinenacken, die Kartoffeln, die Schalotte, den Knoblauch und die Petersilie hinzufügen und untermengen.

Alles kräftig mit der Hand 5 Minuten durchkneten (oder auf niedriger Stufe in der Küchenmaschine).

Die Masse zu Frikadellen formen (s. Seite 139) oder zu Würsten (s. S. 137) weiterverarbeiten.

Im Backofen garen oder in der Pfanne braten und heiß servieren.

REZEPT GETESTET VON

LÉANDRE LE PICHON

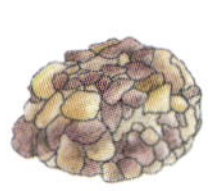

»Ich habe die Frikadellen flach gedrückt und in der Pfanne gebraten – hat perfekt funktioniert und sehr gut geschmeckt!«

PASTETEN IM TEIG

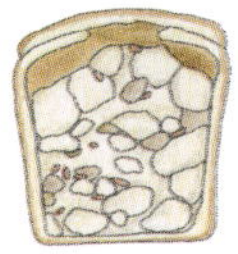

HUHN & CHILI
S. 168

ENTE & FEIGEN
S. 170

MIT GRÜNEM PFEFFER
S. 174

HUHN & PISTAZIEN
S. 176

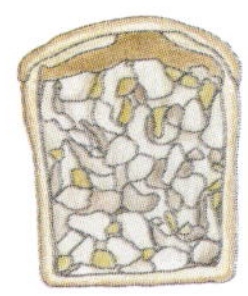

HUHN & APFEL
S. 178

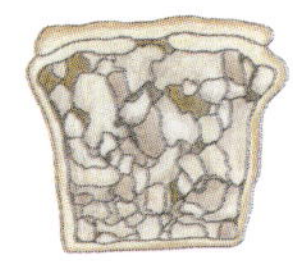

DIE RUSTIKALE
S. 180

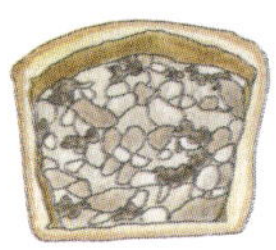

MIT MORCHELN
S. 182

LACHS & SPINAT
S. 186

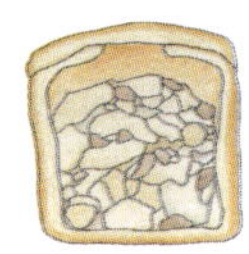

KALB & HUHN
S. 188

ENTE & OLIVEN
S. 190

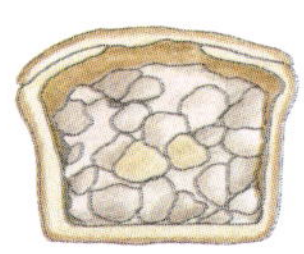

MIT LAMM
S. 192

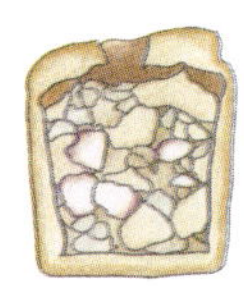

TINTENFISCH
S. 194

»BELLE AURORE«
S. 198

MÜRBETEIG SELBST HERSTELLEN

Für das Gelingen einer Pastete im Teig gilt es im Wesentlichen drei Arbeitsschritte zu meistern: die Herstellung (oder den Kauf) des Mürbeteigs, das Auskleiden der Form und das dichte Verschließen der mit der gewählten Farce gefüllten Pastete. Auf ein paar entscheidende Handgriffe kommt es an!

MÜRBETEIG SCHRITT FÜR SCHRITT

500 g Weizenmehl Type 405 | 250 g kalte Butter | 1 TL Salz
100 ml Wasser | 7 Eigelb

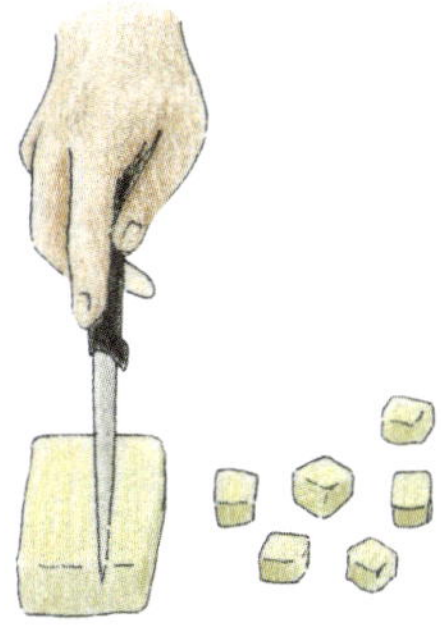

SCHRITT 1

Die kalte Butter in kleine Würfel schneiden.

SCHRITT 2

Das Mehl auf die Arbeitsfläche geben und das Salz hinzufügen.

SCHRITT 3

Die Butterwürfel dazugeben und zwischen den Fingern mit dem Mehl verreiben, bis eine krümelige Konsistenz entstanden ist.

SCHRITT 4

In die Mitte eine Mulde drücken und nach und nach das Wasser und die Eigelbe einarbeiten.

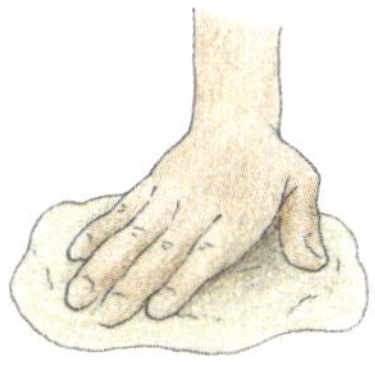

SCHRITT 5

Den Teig mit dem Handballen kräftig kneten, bis er glatt ist. Zu einem flachen Quader formen, in Frischhaltefolie wickeln und für 60 Minuten in den Kühlschrank legen.

EINE FORM MIT TEIG AUSKLEIDEN

In der Teigkruste gebackene Pasteten gehören zur Königsklasse der französischen Kochkunst, denn ihre Zubereitung verlangt die Fähigkeiten eines Charcutiers und eines Patissiers. Das korrekte Zusammenfügen der Teigstücke in der Form ist eine der Voraussetzungen für das Gelingen der Pastete, denn es schafft die Grundlage dafür, dass beim Backen keine Garflüssigkeit austreten kann.

SCHRITT FÜR SCHRITT EINE FORM AUSKLEIDEN

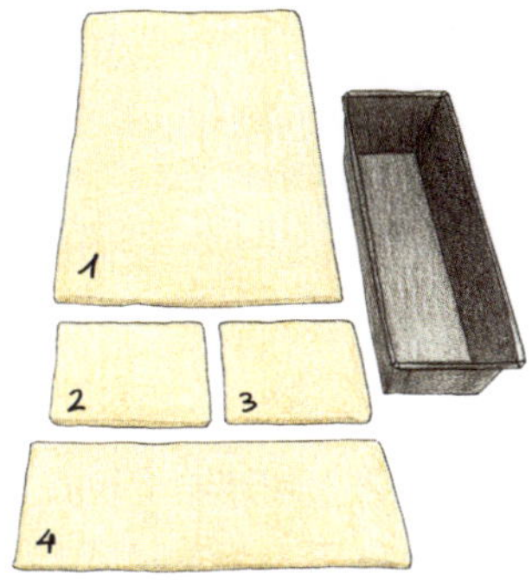

SCHRITT 1

1 = Große Teigplatte. 2 und 3 = Seiten
4 = Deckel

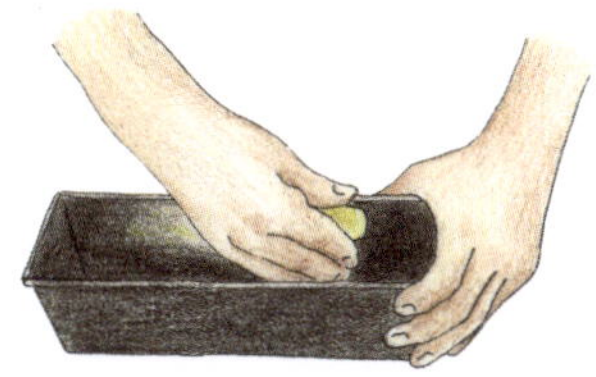

SCHRITT 2

Die Form mit Butter ausstreichen.

SCHRITT 3

Die große Teigplatte in die Form legen.

SCHRITT 4

Den Teig mit der Hand behutsam an die Seitenwände der Form drücken.

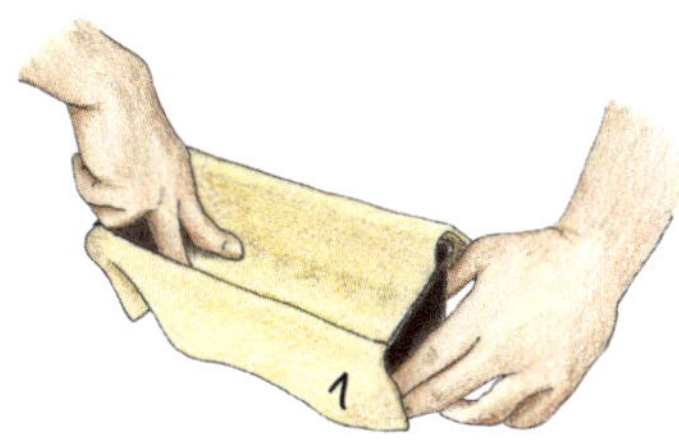

SCHRITT 5

Den Teig vorsichtig auf den Boden und in die Ecken drücken, ohne dass Löcher oder Risse entstehen.

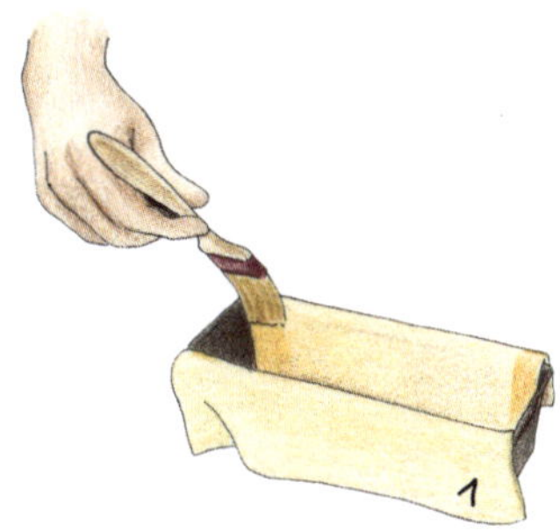

SCHRITT 6

Die seitlichen Teigränder dünn mit verquirltem Ei bestreichen.

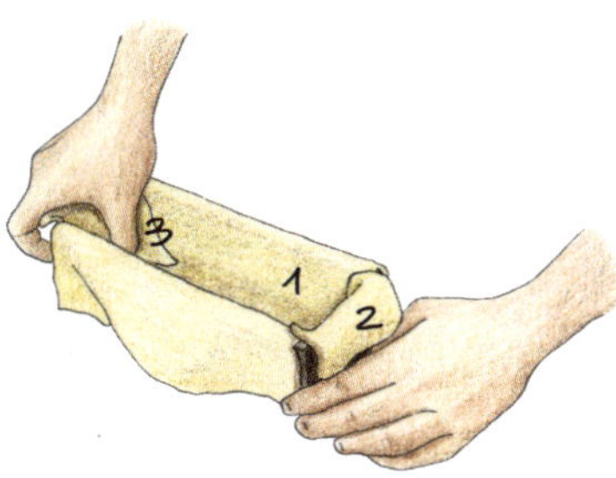

SCHRITT 7

Die beiden kleinen Teigplatten an den kurzen Seitenwänden anbringen.

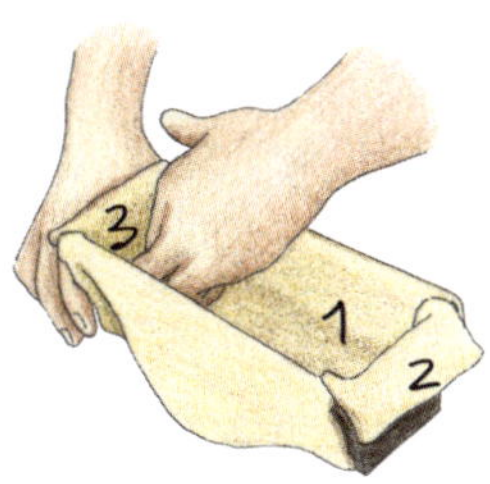

SCHRITT 8

Die Ränder der Teigplatten mit den Fingern sorgfältig zusammendrücken.

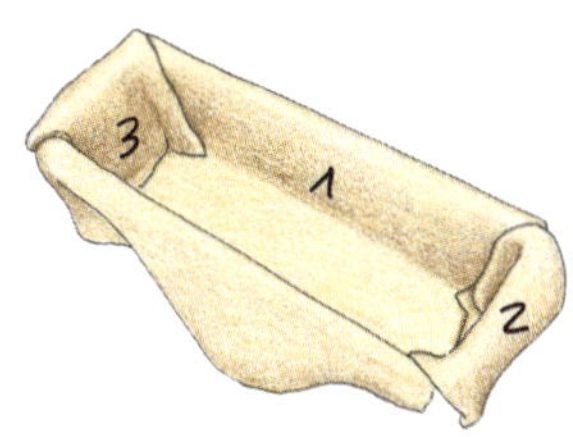

SCHRITT 9

Die fertig ausgekleidete Form kann jetzt mit der Farce gefüllt werden.

EINE PASTETE IM TEIG VERSCHLIESSEN

Ebenso wie das Auskleiden der Form muss das Verschließen der Teighülle mit großer Präzision erfolgen, damit während des Backens nichts ausläuft und der Teig auch anschließend nicht durchweicht.
Anhand der folgenden Schritt-für-Schritt-Anleitung lässt sich die Technik schnell erlernen.

SCHRITT FÜR SCHRITT EINE PASTETE IM TEIG VERSCHLIESSEN

SCHRITT 1

Die Farce gut festdrücken.

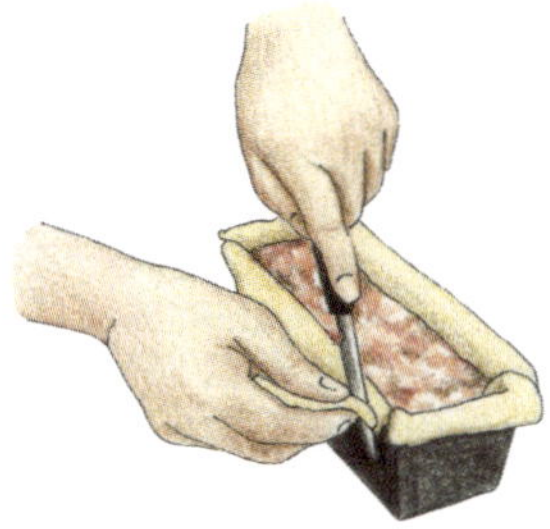

SCHRITT 2

Den überschüssigen Teig bis auf 2 cm zurückschneiden.

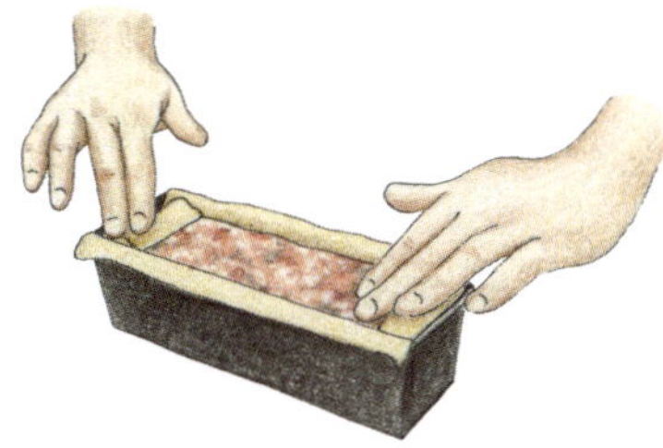

SCHRITT 3

Den Teigrand an den kurzen Seiten nach innen umschlagen.

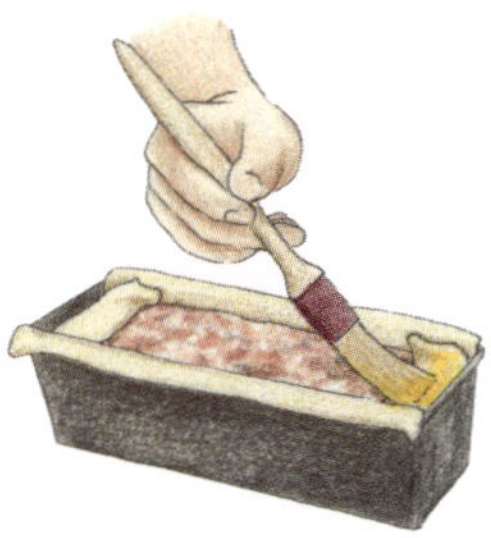

SCHRITT 4

Mithilfe eines Pinsels dünn mit verquirltem Ei bestreichen.

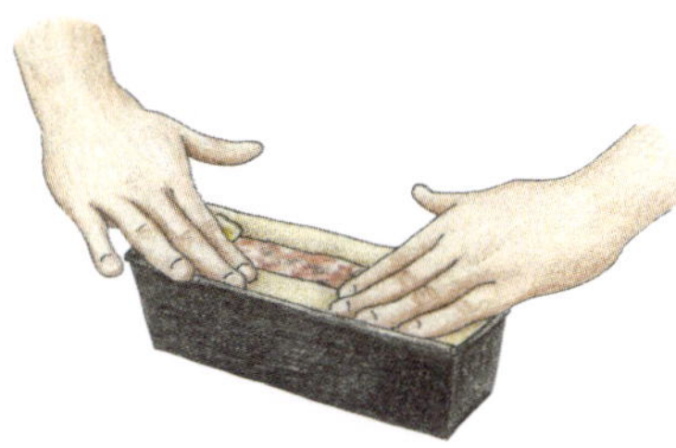

SCHRITT 5

Die Ränder der großen Teigplatte nach innen klappen.

SCHRITT 6

Ebenfalls dünn mit verquirltem Ei bestreichen.

SCHRITT 7

Den Teigdeckel auflegen.

SCHRITT 8

Die Kanten auf die darunterliegenden Teigränder drücken, um sie zu verbinden.

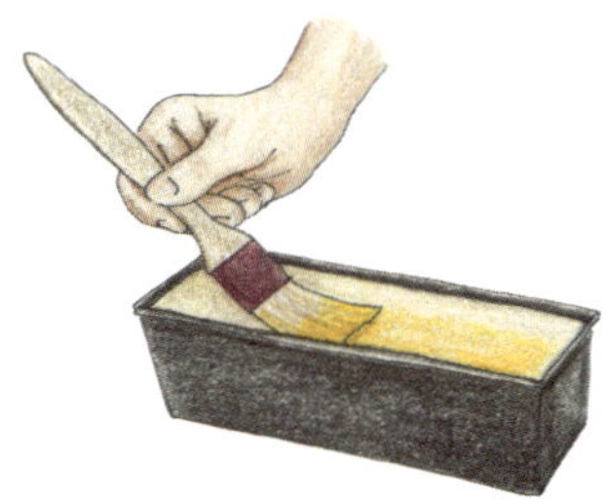

SCHRITT 9

Die gesamte Oberfläche mit verquirltem Ei bestreichen.

SCHRITT 10

Mit der Rückseite einer Messerklinge vorsichtig ein dekoratives Muster in den Teigdeckel ritzen.

SCHRITT 11

Mit der Messerspitze ein bis zwei runde Löcher in den Teigdeckel schneiden, damit beim Backen der Dampf abziehen kann.

SCHRITT 12

Die Pastete ist fertig vorbereitet und kann in den Backofen geschoben werden.

ZUBEREITUNG
1 Stunde 45 Minuten

GARZEIT
70 Minuten

RUHEZEIT
1 Nacht

PASTETEN IM TEIG

HUHN & CHILI

◆◆◆

ZUTATEN

550 g Schweinebauch wie gewachsen (400 g netto)
400 g Hähnchenbrustfilet
1 frische Gorria-Chilischote
3 gestrichene TL Salz
2 Prisen Pfeffer aus der Mühle
2 Prisen gemahlener Piment d'Espelette
3 Eier
50 g flüssige süße Sahne
20 g Butter für die Form
500 g Mürbeteig (s. S. 163)
550 g Gelee (s. S. 173)

6 PERSONEN

REZEPT GETESTET VON

ELPHÈGE MESNARD

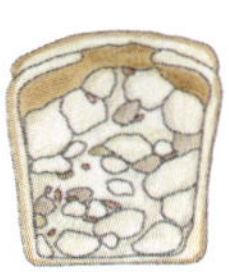

»Eine ungewöhnlich feurige Pastete im Teig!«

Aus dem Schweinebauch falls nötig die Knochen auslösen. Die Schwarte abschneiden, die darunterliegende Fettschicht aber nicht entfernen. Den Schweinebauch in etwa 7 mm große Würfel schneiden (s. S. 21). Die Hähnchenbrustfilets in etwa 1,5 cm große Würfel schneiden (s. S. 51).

Die Chilischote von Stielansatz, Kernen und Trennhäuten befreien und fein hacken.

Die Schweinebauchwürfel in eine Schüssel (oder in die Küchenmaschine mit Flachrührereinsatz) geben, mit dem Salz, dem Pfeffer und dem gemahlenen Piment d'Espelette bestreuen und mit der Hand (oder auf niedriger Stufe in der Maschine) bearbeiten (s. S. 21). Ein Ei und die Sahne hinzufügen und alles zu einer homogenen Masse verarbeiten.

Das gewürfelte Hähnchenbrustfilet und die gehackte Chilischote dazugeben und die Masse 5 Minuten kräftig mit der Hand durchkneten (oder in der Küchenmaschine auf niedriger Stufe bearbeiten). Kalt stellen.

Die restlichen beiden Eier in einer Schale verquirlen. Die Pastetenform mit Butter ausstreichen.

Den Teig 3 mm dick ausrollen, passend zurechtschneiden und die Form damit auskleiden. Die Fleischmasse einfüllen. Die Pastete sorgfältig verschließen und mit verquirltem Ei bestreichen. Für den Dampfabzug ein oder zwei runde Löcher in den Teigdeckel schneiden (s. S. 167).

Die Form in den kalten Backofen schieben. Die Temperatur auf 180 °C Umluft einstellen und die Pastete 70 Minuten backen. Wer ein Küchenthermometer hat, kann auch die Kerntemperatur messen: sobald 64 °C erreicht sind, die Pastete aus dem Ofen nehmen.

Die Pastete bei Raumtemperatur 30 Minuten ruhen lassen, dann über Nacht in den Kühlschrank stellen. Am folgenden Tag das Gelee einfüllen (s. S. 173).

Die Pastete vor dem Servieren mindestens 60 Minuten kalt stellen.

ZUBEREITUNG	GARZEIT	RUHEZEIT
2 Stunden	70 Minuten	1 Nacht

PASTETEN IM TEIG

ENTE & FEIGEN

ZUTATEN

550 g Schweinebauch wie gewachsen (400 g netto)
550 g Entenbrustfilet
100 g getrocknete Feigen
150 g Hähnchenbrustfilet
2 gestrichene TL Salz
3 Prisen Pfeffer aus der Mühle
3 Eier
50 g flüssige süße Sahne
20 g Butter für die Form
500 g Mürbeteig (s. S. 163)
550 g Gelee (s. S. 173)

6 PERSONEN

Aus dem Schweinebauch falls nötig die Knochen auslösen. Die Schwarte abschneiden, die darunterliegende Fettschicht aber nicht entfernen. Den Schweinebauch in etwa 7 mm große Würfel schneiden (s. S. 21).

Von der Entenbrust die Haut abziehen und das Fleisch in etwa 1,5 cm große Würfel schneiden (s. S. 51). Die Feigen in halb so große Würfel schneiden.

Das Hähnchenbrustfilet ebenfalls in 1,5 cm große Würfel schneiden und in den Kühlschrank stellen.

Die Schweinebauchwürfel in eine Schüssel (oder in die Küchenmaschine mit Flachrührereinsatz) geben, mit dem Salz und dem Pfeffer bestreuen und mit der Hand (oder auf niedriger Stufe in der Maschine) bearbeiten (s. S. 21).
Ein Ei und die Sahne hinzufügen und alles zu einer homogenen Masse verarbeiten. Das gewürfelte Entenbrustfilet und die Feigenstücke dazugeben und erneut gründlich vermengen. Das gewürfelte Hähnchenbrustfilet einarbeiten, bis es gleichmäßig in der Masse verteilt ist. Die Schüssel in den Kühlschrank stellen.

Die restlichen beiden Eier in einer Schale verquirlen. Die Pastetenform mit Butter ausstreichen.

Den Teig 3 mm dick ausrollen, passend zurechtschneiden und die Form damit auskleiden. Die Fleischmasse einfüllen. Die Pastete sorgfältig verschließen und verquirltem Ei bestreichen. Für den Dampfabzug ein oder zwei runde Löcher in den Teigdeckel schneiden (s. S. 167).

Die Form in den kalten Backofen schieben. Die Temperatur auf 180 °C Umluft einstellen und die Pastete 70 Minuten backen. Wer ein Küchenthermometer hat, kann auch die Kerntemperatur messen: sobald 64 °C erreicht sind, die Pastete aus dem Ofen nehmen.

Die Pastete bei Raumtemperatur 30 Minuten ruhen lassen, dann über Nacht in den Kühlschrank stellen. Am folgenden Tag das Gelee einfüllen (s. S. 173).

Die Pastete vor dem Servieren mindestens 60 Minuten kalt stellen.

REZEPT GETESTET VON

THOMAS VEROT

»Ich fand die Zubereitung nicht gerade einfach, weil ja auch der Mürbeteig gelingen muss; umso stolzer war ich auf das Ergebnis!«

GELEE

DIE UNENTBEHRLICHE ZUTAT

Gelee oder Aspik ist eine äußerst vielseitig einsetzbare Zubereitung und wird in der Charcuterie häufig verwendet. Bei Pasteten hat Gelee die Aufgabe, den während des Backens entstandenen Hohlraum zwischen der Farce und der Teigkruste zu füllen; Sülzen verleiht es die nötige Stand- und Schnittfestigkeit.

WISSENSWERTES ÜBER GELEE

Gelee ist ganz allgemein eine Zubereitung aus einer Flüssigkeit und einem Geliermittel. Das Geliermittel kann tierischen oder pflanzlichen Ursprungs sein. In der Charcuterie kocht man traditionell Schweins- oder Kalbsfüße aus, die mit ihrem hohen Kollagenanteil dafür sorgen, dass die Brühe gut geliert. Heute greift man oft zu Gelatine in Form von Blättern oder Pulver. Es gibt aber auch pflanzliche Geliermittel wie Pektin (gewonnen aus Äpfeln oder der Schale von Zitrusfrüchten) oder Agar-Agar (gewonnen aus getrockneten Algen).

Tierisch oder pflanzlich, beide Optionen sind möglich. In der Charcuterie wird in der Regel tierischer Gelatine der Vorzug gegeben, weil sie den Zubereitungen mehr Festigkeit verleiht. Pflanzliche Geliermittel empfehlen sich für vegetarische Zubereitungen wie Gemüsesülzen.

Pastete in der Teigkruste

Sülze

EIN EINFACHES UND SCHNELL HERGESTELLTES GELEE

50 g Blattgelatine in kaltem Wasser einweichen.
500 ml Fleischbrühe (selbst gekocht oder ein Fertigprodukt) in einem Topf zum Kochen bringen.
Vom Herd nehmen und die abgetropfte Gelatine darin auflösen.
Bis zur Verwendung bei Raumtemperatur aufbewahren.

Bei Pasteten im Teigmantel wird das Gelee durch die in den Teigdeckel geschnittenen Abzugslöcher vorsichtig eingefüllt, sodass es nicht überläuft. Bei Sülzen sorgt das Gelee für die nötige Schnittfestigkeit. Mit Hilfe der Gelatine lässt sich jede Garflüssigkeit gelieren, was für ein breites Spektrum an Aromen sorgt.

ZUBEREITUNG
2 Stunden

GARZEIT
70 Minuten

RUHEZEIT
1 Nacht

PASTETEN IM TEIG

MIT GRÜNEM PFEFFER

◆◆◆

ZUTATEN

550 g Schweinebauch wie gewachsen (400 g netto)
400 g Schweinefilet
3 gestrichene TL Salz
Pfeffer aus der Mühle
3 Eier
50 g flüssige süße Sahne
8 g ganze grüne Pfefferkörner
500 g Mürbeteig (s. S. 163)
15 g Butter für die Form
550 g Gelee (s. S. 173)

6 PERSONEN

REZEPT GETESTET VON

SÉBASTIEN MERLE

»Eine Pastete mit Charakter, und einfacher zuzubereiten, als ich angenommen hatte.«

Aus dem Schweinebauch falls nötig die Knochen auslösen. Die Schwarte abschneiden, die darunterliegende Fettschicht aber nicht entfernen. Den Schweinebauch in etwa 7 mm große Würfel schneiden (s. S. 21).

Das Schweinefilet in etwa 1,5 cm große Würfel schneiden (s. S. 51).

Die Schweinebauchwürfel in eine Schüssel (oder in die Küchenmaschine mit Flachrührereinsatz) geben, mit dem Salz und dem Pfeffer bestreuen und mit der Hand (oder auf niedriger Stufe in der Maschine) bearbeiten (s. S. 21).

Ein Ei und die Sahne hinzufügen und alles zu einer homogenen Masse verarbeiten. Das Schweinefilet und die unzerkleinerten grünen Pfefferkörner dazugeben und die Masse 5 Minuten kräftig mit der Hand durchkneten (oder auf niedriger Stufe in der Küchenmaschine bearbeiten). Kalt stellen.

Die restlichen Eier in einer Schale verquirlen. Die Pastetenform mit Butter ausstreichen.

Den Teig 3 mm dick ausrollen, passend zurechtschneiden und die Form damit auskleiden. Die Fleischmasse einfüllen. Die Pastete sorgfältig verschließen und mit verquirltem Ei bestreichen. Für den Dampfabzug ein oder zwei runde Löcher in den Teigdeckel schneiden (s. S. 165).

Die Form in den kalten Backofen schieben. Die Temperatur auf 180 °C Umluft einstellen und die Pastete 70 Minuten backen. Wer ein Küchenthermometer hat, kann auch die Kerntemperatur messen: sobald 64 °C erreicht sind, die Pastete aus dem Ofen nehmen.

Die Pastete bei Raumtemperatur 30 Minuten ruhen lassen, dann über Nacht in den Kühlschrank stellen. Am folgenden Tag das Gelee einfüllen (s. S. 173).

Die Pastete vor dem Servieren mindestens 60 Minuten kalt stellen.

ZUBEREITUNG
2 Stunden

GARZEIT
70 Minuten

RUHEZEIT
1 Nacht

PASTETEN IM TEIG

HUHN & PISTAZIEN

◆◆◆

ZUTATEN

550 g Schweinebauch wie gewachsen (400 g netto)
400 g Hähnchenbrustfilet
3 gestrichene TL Salz
3 Prisen Pfeffer aus der Mühle
3 Eier
50 g flüssige süße Sahne
100 g Pistazienkerne
20 g Butter für die Form
500 g Mürbeteig (s. S. 163)
1 EL Sesam (nach Belieben)
550 g Gelee (s. S. 173)

6 PERSONEN

REZEPT GETESTET VON

ALICE MUNCKE

»Das war die erste Teigpastete, die ich jemals gemacht habe, und was mir zunächst sehr schwierig erschien, war tatsächlich relativ einfach. Das Ergebnis war top!«

Aus dem Schweinebauch falls nötig die Knochen auslösen. Die Schwarte abschneiden, die darunterliegende Fettschicht aber nicht entfernen. Den Schweinebauch in etwa 7 mm große Würfel schneiden (s. S. 21).

Das Hähnchenbrustfilet in etwa 1,5 cm große Würfel schneiden (s. S. 51).

Die Schweinebauchwürfel in eine Schüssel (oder in die Küchenmaschine mit Flachrührereinsatz) geben, mit dem Salz und dem Pfeffer bestreuen und mit der Hand (oder auf niedriger Stufe in der Maschine) bearbeiten (s. S. 21).

Ein Ei und die Sahne hinzufügen und alles zu einer homogenen Masse verarbeiten. Das gewürfelte Hähnchenfleisch und die Pistazien untermengen und die Masse 5 Minuten kräftig mit der Hand durchkneten (oder auf niedriger Stufe in der Küchenmaschine bearbeiten). Kalt stellen.

Die restlichen beiden Eier in einer Schale verquirlen. Die Pastetenform mit Butter ausstreichen.

Den Teig 3 mm dick ausrollen, passend zurechtschneiden und die Form damit auskleiden. Die Fleischmasse einfüllen. Die Pastete sorgfältig verschließen und mit verquirltem Ei bestreichen. Nach Belieben mit Sesam bestreuen. Für den Dampfabzug ein oder zwei runde Löcher in den Teigdeckel schneiden (s. S. 167).

Die Form in den kalten Backofen schieben. Die Temperatur auf 180 °C Umluft einstellen und die Pastete 70 Minuten backen. Wer ein Küchenthermometer hat, kann auch die Kerntemperatur messen: sobald 64 °C erreicht sind, die Pastete aus dem Ofen nehmen.

Die Pastete bei Raumtemperatur 30 Minuten ruhen lassen, dann über Nacht in den Kühlschrank stellen. Am folgenden Tag das Gelee einfüllen (s. S. 173).

Die Pastete vor dem Servieren mindestens 60 Minuten kalt stellen.

ZUBEREITUNG 2 Stunden 15 Minuten | **GARZEIT** 70 Minuten | **RUHEZEIT** 1 Nacht

PASTETEN IM TEIG

HUHN & APFEL

ZUTATEN

550 g Schweinebauch wie gewachsen (400 g netto)
400 g Hähnchenbrustfilet
1 Apfel
15 g Butter
1 EL Zucker
3 gestrichene TL Salz
Pfeffer aus der Mühle
3 Eier
50 g flüssige süße Sahne
500 g Mürbeteig (s. S. 163)
550 g Gelee (s. S. 173)

6 PERSONEN

REZEPT GETESTET VON

FABIEN BONINO

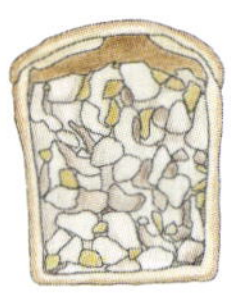

»Huhn und Apfel sind eine gelungene Verbindung. Das nächste Mal werde ich das Rezept mit Granny Smith ausprobieren.«

Aus dem Schweinebauch falls nötig die Knochen auslösen. Die Schwarte abschneiden, die darunterliegende Fettschicht aber nicht entfernen. Den Schweinebauch in etwa 7 mm große Würfel schneiden (s. S. 21). Das Hähnchenbrustfilet in etwa 1,5 cm große Würfel schneiden (s. S. 51).

Den Apfel schälen, vierteln, vom Kerngehäuse befreien und in etwa 7 mm große Würfel schneiden. In einer Pfanne etwas Butter bei mittlerer Temperatur erhitzen und die Apfelwürfel 2 Minuten anbraten. Mit dem Zucker bestreuen und unter Rühren weitere 30 Sekunden anbraten.

Die Schweinebauchwürfel in eine Schüssel (oder in die Küchenmaschine mit Flachrührereinsatz) geben, mit dem Salz und dem Pfeffer bestreuen und mit der Hand (oder auf niedriger Stufe in der Maschine) bearbeiten (s. S. 21).

Ein Ei und die Sahne hinzufügen und alles zu einer homogenen Masse verarbeiten. Das Hähnchenfleisch und die Apfelwürfel dazugeben und die Masse 5 Minuten kräftig mit der Hand durchkneten (oder auf niedriger Stufe in der Küchenmaschine bearbeiten). Kalt stellen.

Die restlichen Eier in einer Schale verquirlen. Die Pastetenform mit Butter ausstreichen.

Den Teig 3 mm dick ausrollen, passend zurechtschneiden und die Form damit auskleiden. Die Fleischmasse einfüllen. Die Pastete sorgfältig verschließen und mit verquirltem Ei bestreichen. Für den Dampfabzug ein oder zwei runde Löcher in den Teigdeckel schneiden (s. S. 167).

Die Form in den kalten Backofen schieben. Die Temperatur auf 180 °C Umluft einstellen und die Pastete 70 Minuten backen. Wer ein Küchenthermometer hat, kann auch die Kerntemperatur messen: sobald 64 °C erreicht sind, die Pastete aus dem Ofen nehmen.

Die Pastete bei Raumtemperatur 30 Minuten ruhen lassen, dann über Nacht in den Kühlschrank stellen. Am folgenden Tag das Gelee einfüllen (s. S. 173).

Die Pastete vor dem Servieren mindestens 60 Minuten kalt stellen.

ZUBEREITUNG
2 Stunden

GARZEIT
70 Minuten

RUHEZEIT
1 Nacht

PASTETEN IM TEIG

DIE RUSTIKALE

ZUTATEN

450 g Schweinebauch wie gewachsen (300 g netto)
200 g Geflügelleber
50 g Brot
6 Stängel glatte Petersilie
2 Schalotten (50 g)
300 g Schweinenacken
100 g flüssige süße Sahne
3 gestrichene TL Salz
3 Prisen Pfeffer aus der Mühle
4 Eier
15 g Butter
500 g Mürbeteig (s. S. 163)
2 EL Sesam (nach Belieben)
550 g Gelee (s. S. 173)

6 PERSONEN

REZEPT GETESTET VON

FRANÇOIS CARMONA

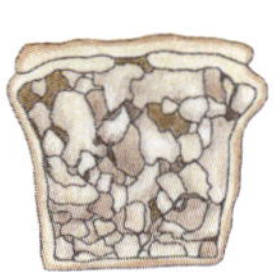

»Ein kleiner Trick: Den Mürbeteig zwischen zwei Bögen Backpapier ausrollen, damit er nicht reißt.«

Aus dem Schweinebauch falls nötig die Knochen auslösen. Die Schwarte abschneiden, die darunterliegende Fettschicht aber nicht entfernen. Anschließend den Schweinebauch, die Geflügellebern und das Brot in etwa 7 mm große Würfel schneiden (s. S. 21).

Petersilienblätter und Schalotten fein hacken. Den Schweinenacken in etwa 1,5 cm große Würfel schneiden (s. S. 51). Die Sahne bei mittlerer Temperatur erhitzen, die Brotwürfel hineingeben und 2 Minuten ziehen lassen. Petersilie und Schalotten hinzufügen und 2 Minuten mitköcheln lassen.

Die Schweinebauchwürfel in eine Schüssel (oder in die Küchenmaschine mit Flachrührereinsatz) geben, mit dem Salz und dem Pfeffer bestreuen und mit der Hand (oder auf niedriger Stufe in der Maschine) bearbeiten (s. S. 21). Zwei Eier hinzufügen und alles zu einer homogenen Masse verarbeiten.

Die Leber- und die Schweinenackenwürfel sowie die Sahne-Brot-Petersilien-Schalotten-Mischung dazugeben und die Masse 5 Minuten kräftig mit der Hand durchkneten (oder auf niedriger Stufe in der Küchenmaschine bearbeiten). Kalt stellen.

Die restlichen beiden Eier in einer Schale verquirlen. Die Pastetenform mit Butter ausstreichen. Den Teig 3 mm dick ausrollen, passend zurechtschneiden und die Form damit auskleiden. Die Fleischmasse einfüllen. Die Pastete sorgfältig verschließen und mit verquirltem Ei bestreichen. Nach Belieben mit Sesam bestreuen. Für den Dampfabzug ein oder zwei runde Löcher in den Teigdeckel schneiden (s. S. 167).

Die Form in den kalten Backofen schieben. Die Temperatur auf 180 °C Umluft einstellen und die Pastete 70 Minuten backen. Wer ein Küchenthermometer hat, kann auch die Kerntemperatur messen: sobald 64 °C erreicht sind, die Pastete aus dem Ofen nehmen.

Die Pastete bei Raumtemperatur 30 Minuten ruhen lassen, dann über Nacht in den Kühlschrank stellen. Am folgenden Tag das Gelee einfüllen (s. S. 173).

Die Pastete vor dem Servieren mindestens 60 Minuten kalt stellen.

ZUBEREITUNG
60 Minuten

GARZEIT
70 Minuten

RUHEZEIT
1 Nacht

PASTETEN IM TEIG

MIT MORCHELN

ZUTATEN

30 g getrocknete Morcheln
550 g Schweinebauch wie gewachsen (400 g netto)
400 g Schweinenacken
100 g flüssige süße Sahne
3 gestrichene TL Salz
3 Prisen Pfeffer aus der Mühle
3 Eier
15 g Butter
500 g Mürbeteig (s. S. 163)
550 g Gelee (s. S. 173)

6 PERSONEN

Die Morcheln in 500 ml Wasser einweichen. Sobald sie weich sind, das Wasser wechseln und die Morcheln weitere 5 Minuten wässern. Den Vorgang dreimal wiederholen. Die Morcheln sorgfältig abtropfen lassen.

Aus dem Schweinebauch falls nötig die Knochen auslösen. Die Schwarte abschneiden, die darunterliegende Fettschicht aber nicht entfernen. Den Schweinebauch in etwa 7 mm große Würfel schneiden (s. S. 21). Den Schweinenacken in etwa 1,5 cm große Würfel schneiden (s. S. 51).

Die Sahne in einem kleinen Topf erhitzen, die Morcheln hineingeben und 5 Minuten bei niedriger Temperatur köcheln lassen. Die Pilze vierteln.

Die Schweinebauchwürfel in eine Schüssel (oder in die Küchenmaschine mit Flachrührereinsatz) geben, mit dem Salz und dem Pfeffer bestreuen und mit der Hand (oder auf niedriger Stufe in der Maschine) bearbeiten (s. S. 21). Ein Ei hinzufügen und alles zu einer homogenen Masse verarbeiten. Den gewürfelten Schweinenacken, die Morcheln und die Sahne dazugeben und die Masse 5 Minuten kräftig mit der Hand durchkneten (oder auf niedriger Stufe in der Küchenmaschine bearbeiten). Kalt stellen.

Die restlichen Eier in einer Schale verquirlen. Die Pastetenform mit Butter ausstreichen. Den Teig 3 mm dick ausrollen, passend zurechtschneiden und die Form damit auskleiden. Die Fleischmasse einfüllen. Die Pastete sorgfältig verschließen und mit verquirltem Ei bestreichen. Für den Dampfabzug ein oder zwei runde Löcher in den Teigdeckel schneiden (s. S. 167).

Die Form in den kalten Backofen schieben. Die Temperatur auf 180 °C Umluft einstellen und die Pastete 70 Minuten backen. Wer ein Küchenthermometer hat, kann auch die Kerntemperatur messen: sobald 64 °C erreicht sind, die Pastete aus dem Ofen nehmen.

Die Pastete bei Raumtemperatur 30 Minuten ruhen lassen, dann über Nacht in den Kühlschrank stellen. Am folgenden Tag das Gelee einfüllen (s. S. 173).

Die Pastete vor dem Servieren mindestens 60 Minuten kalt stellen.

REZEPT GETESTET VON

GILLES & NICOLAS

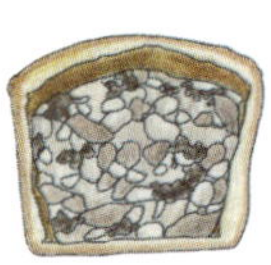

»Die Morcheln können in der Saison durch frische Steinpilze oder Pfifferlinge ersetzt werden.«

PILZE

EIN DUFT NACH UNTERHOLZ

◆ ◆ ◆

Eine Terrine nach Försterin-Art muss natürlich Pilze enthalten. Dabei gibt es viele Möglichkeiten: man kann sich auf eine Sorte beschränken oder eine Pilzmischung nehmen. Die Pilze können als Hauptzutat geschmacksbestimmend sein oder in einer kleinen Menge einer Zubereitung das gewisse Etwas verleihen.

PILZE IN DER CHARCUTERIE: WAS PASST WOZU?

ZUCHTCHAMPIGNONS

Agaricus bisporus

Champignons sind nicht so berühmt wie manche anderen Pilze, aber sie sind ein wichtiger Bestandteil der »Gratinfarce«, einer Zubereitung, die Pasteten und Terrinen aromatisieren kann: Fein zerkleinerte Schalotten und Champignons werden angeschwitzt, anschließend werden gewürfelte Geflügelleber und gehackte Petersilie kurz mitgegart, um der Zubereitung Farbe zu verleihen. Das Ganze wird sehr fein gehackt und zur geschmacklichen Abrundung Pasteten und Terrinen zugegeben.

MORCHELN

Morchella esculenta

Morcheln sind eine erstklassige Zutat für Charcuterie-Produkte. Sie gehören zu den wenigen Pilzsorten, die man außerhalb der Saison kaufen kann, denn sie lassen sich gut trocknen. Grob zerkleinert können sie mit ihrer Textur und ihrem Geschmack Pasteten und Terrinen bereichern. Und eine Morchel-Sahne-Sauce ist die perfekte Garnitur für eine Blätterteigpastete.

SCHWARZE TRÜFFELN

Tuber melanosporum

Unter den Pilzen der Welt zählen Trüffeln fraglos zu den begehrtesten. Sie veredeln Terrinen, Pasteten im Teig und viele andere Charcuterie-Produkte. Die Verwendung von Trüffelöl oder -aroma kommt nicht in Frage; optimal sind die frischen schwarzen Trüffeln in der Saison im Januar und Februar. In Stücke oder Streifen geschnitten verleihen sie jeder Zubereitung eine ganz besondere Note.

STEINPILZE

Boletus edulis

Sein charakteristischer nussiger Geschmack und sein festes Fleisch machen den Steinpilz zu einem hochgeschätzten Speisepilz. In Stücke geschnitten lässt er sich wunderbar in Terrinen integrieren. Zur Gattung der Steinpilze gehört auch der Eichensteinpilz, der bereits im Sommer erscheint, ebenso der seltenere Schwarzhütige Steinpilz.

TOTENTROMPETEN

Craterellus cornucopioides

Die Toten- oder auch Herbsttrompete, ein hocharomatischer Speisepilz, eignet sich hervorragend zum Verfeinern von Terrinen und Pasteten im Teig. In getrockneter Form schmecken die Pilze besonders würzig. Ihr dünnes Fruchtfleisch hat einen betörenden Duft und schöne erdige Geschmacksnoten, und ihre dunkle Farbe ermöglicht interessante optische Kontraste.

ZUBEREITUNG
2 Stunden

GARZEIT
60 Minuten

RUHEZEIT
1 Nacht

PASTETEN IM TEIG

LACHS & SPINAT

◆ ◆ ◆

ZUTATEN

100 g Hartweizengrieß
5 Eier
30 g Butter
100 g junge, zarte Spinatblätter
3 Prisen Salz
3 Prisen Pfeffer aus der Mühle
½ Bund glatte Petersilie
1 Bund Estragon
600 g Lachsfilet
500 g Mürbeteig (s. S. 163)
550 g Gelee (s. S. 173)

6 PERSONEN

REZEPT GETESTET VON

GILLES & NICOLAS

»Für diese Pastete haben wir eine Anleihe bei der Kulebjaka gemacht, einem traditionellen gefüllten Hefegebäck aus Russland.«

Den Hartweizengrieß in eine Schüssel geben. In einem Topf Wasser zum Kochen bringen, 100 ml entnehmen und über den Grieß gießen.

Drei Eier in das siedende Wasser geben und 10 Minuten kochen, bis sie hart sind. Anschließend in kaltem Wasser abkühlen.

In einer Pfanne 10 g Butter bei mittlerer Temperatur erhitzen und den Spinat 1 Minute darin schwenken. Mit je 1 Prise Salz und Pfeffer bestreuen.

Die Petersilien- und Estragonblätter fein hacken. Die hart gekochten Eier pellen und grob zerkleinern, unter den Spinat mischen und das Ganze mit je einer Prise Salz und Pfeffer würzen. Den gequollenen Grieß mit einer Gabel auflockern. Die Petersilie und den Estragon dazugeben und untermischen.

Das Lachsfilet von seiner Haut befreien, quer halbieren und auf beiden Seiten mit je 1 Prise Salz und Pfeffer bestreuen.

Die restlichen beiden Eier verquirlen. Die Pastetenform mit Butter ausstreichen. Den Teig 3 mm dick ausrollen, passend zurechtschneiden und die Form damit auskleiden. Die Hälfte der Grießmasse einfüllen, darauf die Hälfte des Lachsfilets, gefolgt von der gesamten Eier-Spinat-Masse. Den restlichen Lachs daraufgeben und mit der restlichen Grießmasse abschließen. Die Pastete sorgfältig verschließen und mit verquirltem Ei bestreichen. Für den Dampfabzug ein oder zwei runde Löcher in den Teigdeckel schneiden (s. S. 167).

Die Form in den kalten Backofen schieben. Die Temperatur auf 180 °C Umluft einstellen und die Pastete 60 Minuten backen.

Die Pastete bei Raumtemperatur 30 Minuten ruhen lassen, dann über Nacht in den Kühlschrank stellen. Am folgenden Tag das Gelee einfüllen (s. S. 173).

Die Pastete vor dem Servieren mindestens 60 Minuten kalt stellen.

ZUBEREITUNG
2 Stunden 20 Minuten

GARZEIT
70 Minuten

RUHEZEIT
1 Nacht

PASTETEN IM TEIG

KALB & HUHN

◆ ◆ ◆

ZUTATEN

550 g Kalbsbrust wie gewachsen (400 g netto)
600 g Hähnchenbrustfilet
2 gestrichene TL Salz
3 Prisen Pfeffer aus der Mühle
3 Eier
50 g flüssige süße Sahne
20 g Butter für die Form
500 g Mürbeteig (s. S. 163)
2 EL Sesam (nach Belieben)
550 g Gelee (s. S. 173)

6 PERSONEN

REZEPT GETESTET VON

PAUL GAY

»Dass mir eine Pastete im Teig wie bei Verot ohne professionelle Ausrüstung tatsächlich gelingt, hätte ich niemals für möglich gehalten!«

Aus der Kalbsbrust falls nötig die Knochen auslösen, das Fleisch in etwa 7 mm große Würfel schneiden (s. S. 21).

Die Hähnchenbrustfilets in etwa 1,5 cm große Würfel schneiden (s. S. 51).

Die gewürfelte Kalbsbrust in eine Schüssel (oder in die Küchenmaschine mit Flachrührereinsatz) geben, mit dem Salz und dem Pfeffer bestreuen und mit der Hand (oder auf niedriger Stufe in der Maschine) bearbeiten (s. S. 21).

Ein Ei und die Sahne hinzufügen und alles zu einer homogenen Masse verarbeiten. Das Hähnchenfleisch dazugeben und die Masse von Hand 5 Minuten kräftig durchkneten (oder auf niedriger Stufe in der Küchenmaschine bearbeiten). Anschließend kalt stellen.

Die restlichen beiden Eier in einer Schale verquirlen. Die Pastetenform mit Butter ausstreichen.

Den Teig 3 mm dick ausrollen, passend zurechtschneiden und die Form damit auskleiden. Die Fleischmasse einfüllen. Die Pastete sorgfältig verschließen und mit verquirltem Ei bestreichen. Nach Belieben mit Sesam bestreuen. Für den Dampfabzug ein oder zwei runde Löcher in den Teigdeckel schneiden (s. S. 167).

Die Form in den kalten Backofen schieben. Die Temperatur auf 180 °C Umluft einstellen und die Pastete 70 Minuten backen. Wer ein Küchenthermometer hat, kann auch die Kerntemperatur messen: sobald 64 °C erreicht sind, die Pastete aus dem Ofen nehmen.

Die Pastete bei Raumtemperatur 30 Minuten ruhen lassen, dann über Nacht in den Kühlschrank stellen. Am folgenden Tag das Gelee einfüllen (s. S. 173).

Die Pastete vor dem Servieren mindestens 60 Minuten kalt stellen.

ZUBEREITUNG
2 Stunden

GARZEIT
70 Minuten

RUHEZEIT
1 Nacht

PASTETEN IM TEIG

ENTE & OLIVEN

ZUTATEN

550 g Schweinebauch wie gewachsen (400 g netto)
150 g entkernte schwarze Oliven
600 g Entenbrustfilet
3 gestrichene TL Salz
3 Prisen Pfeffer aus der Mühle
3 Eier
50 g flüssige süße Sahne
20 g Butter für die Form
500 g Mürbeteig (s. S. 163)
550 g Gelee (s. S. 173)

6 PERSONEN

REZEPT GETESTET VON

GILLES & NICOLAS

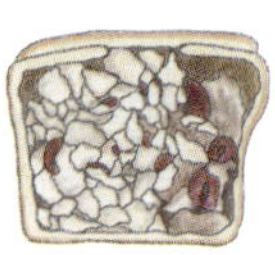

»Schwarze Oliven verleihen dieser Pastete viel Charakter.«

Aus dem Schweinebauch falls nötig die Knochen auslösen. Die Schwarte abschneiden, die darunterliegende Fettschicht aber nicht entfernen. Den Schweinebauch in etwa 7 mm große Würfel schneiden (s. S. 21).

Die Hälfte der Oliven ebenfalls in gleichmäßige Stücke hacken. Das Entenbrustfilet von der Haut befreien und in etwa 1,5 cm große Würfel schneiden (s. S. 51).

Die restlichen Oliven im Mixer sehr fein pürieren.

Die Schweinebauchwürfel in eine Schüssel (oder in die Küchenmaschine mit Flachrührereinsatz) geben, mit dem Salz und dem Pfeffer bestreuen und mit der Hand (oder auf niedriger Stufe in der Maschine) bearbeiten (s. S. 21). Ein Ei und die Sahne hinzufügen und alles zu einer homogenen Masse verarbeiten. Das gewürfelte Entenbrustfilet, die gehackten und die pürierten Oliven dazugeben und die Masse 5 Minuten von Hand kräftig durchkneten (oder in der Küchenmaschine auf niedriger Stufe bearbeiten). Anschließend kalt stellen.

Die restlichen beiden Eier in einer Schale verquirlen. Die Pastetenform mit Butter ausstreichen.

Den Teig 3 mm dick ausrollen, passend zurechtschneiden und die Form damit auskleiden. Die Fleischmasse einfüllen. Die Pastete sorgfältig verschließen und mit verquirltem Ei bestreichen. Für den Dampfabzug ein oder zwei runde Löcher in den Teigdeckel schneiden (s. S. 167).

Die Form in den kalten Backofen schieben. Die Temperatur auf 180 °C Umluft einstellen und die Pastete 70 Minuten backen. Wer ein Küchenthermometer hat, kann auch die Kerntemperatur messen: sobald 64 °C erreicht sind, die Pastete aus dem Ofen nehmen.

Die Pastete bei Raumtemperatur 30 Minuten ruhen lassen, dann über Nacht in den Kühlschrank stellen. Am folgenden Tag das Gelee einfüllen (s. S. 173).

Die Pastete vor dem Servieren mindestens 60 Minuten kalt stellen.

ZUBEREITUNG
2 Stunden 30 Minuten

GARZEIT
70 Minuten

RUHEZEIT
1 Nacht

PASTETEN IM TEIG

MIT LAMM

◆ ◆ ◆

ZUTATEN

1 Knoblauchknolle
Olivenöl
550 g Kalbsbrust wie gewachsen (400 g netto)
400 g Lammschulter ohne Knochen
3 gestrichene TL Salz
3 Prisen Pfeffer aus der Mühle
3 Eier
50 g flüssige süße Sahne
20 g Butter für die Form
500 g Mürbeteig (s. S. 163)
550 g Gelee (s. S. 173)

6 PERSONEN

REZEPT GETESTET VON

RICHARD CARON

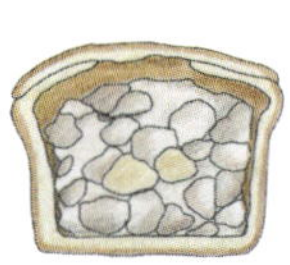

»Eine köstliche Pastete, der das Lammfleisch einen würzigen Charakter verleiht. Dazu empfehle ich einen roten Château Pédesclaux aus Pauillac oder einen korsischen Weißwein von Muriel Giudicelli.«

Die Knoblauchknolle in eine ofenfeste Form legen, großzügig mit Olivenöl beträufeln und in den kalten Backofen schieben. Die Temperatur auf 180 °C Umluft einstellen und den Knoblauch 30 Minuten garen.

Aus der Kalbsbrust falls nötig die Knochen entfernen, das Fleisch anschließend in etwa 7 mm große Würfel schneiden (s. S. 21). Die Lammschulter in etwa 1,5 cm große Würfel schneiden (s. S. 51).

Die gegarten Knoblauchzehen abziehen, der Länge nach halbieren und den Keim entfernen.

Die gewürfelte Kalbsbrust in eine Schüssel (oder in die Küchenmaschine mit Flachrührereinsatz) geben, mit dem Salz und dem Pfeffer bestreuen und mit der Hand oder auf niedriger Stufe durchmischen (s. S. 21). Ein Ei und die Sahne hinzufügen und alles zu einer homogenen Masse verarbeiten. Die gewürfelte Lammschulter und den Knoblauch dazugeben und die Masse 5 Minuten mit der Hand kräftig durchkneten (oder auf niedriger Stufe in der Küchenmaschine bearbeiten). Anschließend kalt stellen.

Die restlichen beiden Eier in einer Schale verquirlen. Die Pastetenform mit Butter ausstreichen.

Den Teig 3 mm dick ausrollen, passend zurechtschneiden und die Form damit auskleiden. Die Fleischmasse einfüllen. Die Pastete sorgfältig verschließen und mit verquirltem Ei bestreichen. Für den Dampfabzug ein oder zwei runde Löcher in den Teigdeckel schneiden (s. S. 167).

Die Form in den kalten Backofen schieben. Die Temperatur auf 180 °C Umluft einstellen und die Pastete 70 Minuten backen. Wer ein Küchenthermometer hat, kann auch die Kerntemperatur messen: sobald 64 °C erreicht sind, die Pastete aus dem Ofen nehmen.

Die Pastete bei Raumtemperatur 30 Minuten ruhen lassen, dann über Nacht in den Kühlschrank stellen. Am folgenden Tag das Gelee einfüllen (s. S. 173). Die Pastete vor dem Servieren mindestens 60 Minuten kalt stellen.

ZUBEREITUNG 2 Stunden | **GARZEIT** 60 Minuten + 70 Minuten | **RUHEZEIT** 1 Nacht

PASTETEN IM TEIG

TINTENFISCH

ZUTATEN

250 g Pulpo (Krake)
1 Bio-Limette
20 g Queller (Salicornia, in Fischgeschäften erhältlich)
550 g Schweinebauch wie gewachsen (400 g netto)
150 g Hähnchenbrustfilet
2 gehäufte TL Salz
2 Prisen Pfeffer aus der Mühle
3 Eier
50 g flüssige süße Sahne
20 g Butter für die Form
500 g Mürbeteig (s. S. 163)
550 g Gelee (s. S. 173)

6 PERSONEN

REZEPT GETESTET VON

GILLES & NICOLAS

»Ein harmonisches Zusammenspiel der Texturen und viel spritzige Würze für unsere Land-und-Meer-Pastete: einfach Klasse!«

Den Pulpo mit ½ Limette und der Hälfte des Quellers in einem Topf mit sprudelnd kochendem Wasser etwa 60 Minuten garen. Der Tintenfisch ist gar, wenn er sich mit einer Gabel leicht einstechen lässt.

Aus dem Schweinebauch falls nötig die Knochen auslösen. Die Schwarte abschneiden, die darunterliegende Fettschicht aber nicht entfernen. Den Schweinebauch in etwa 7 mm große Würfel schneiden (s. S. 21).

Das Hähnchenbrustfilet in etwa 1,5 cm große Würfel schneiden (s. S. 51). Den Tintenfisch in 1 cm breite Stücke schneiden. Von der zweiten Limettenhälfte die Schale abreiben.

Die Schweinebauchwürfel in eine Schüssel (oder in die Küchenmaschine mit Flachrührereinsatz) geben, mit dem Salz und dem Pfeffer bestreuen und mit der Hand (oder auf niedriger Stufe in der Maschine) bearbeiten. Ein Ei und die Sahne hinzufügen und alles zu einer homogenen Masse verarbeiten (s. S. 21). Das gewürfelte Hähnchenbrustfilet, die Tintenfischstücke, den restlichen gehackten Queller, den Saft von ¼ Limette und den Abrieb dazugeben. Die Masse 5 Minuten von Hand kräftig durchkneten (oder auf niedriger Stufe in der Küchenmaschine bearbeiten). Kalt stellen.

Die restlichen beiden Eier verquirlen. Die Pastetenform mit Butter ausstreichen. Den Teig 3 mm dick ausrollen, passend zurechtschneiden und die Form damit auskleiden. Die Fleischmasse einfüllen. Die Pastete sorgfältig verschließen und mit verquirltem Ei bestreichen Für den Dampfabzug ein oder zwei runde Löcher in den Teigdeckel schneiden (s. S. 167).

Die Form in den kalten Backofen schieben. Die Temperatur auf 180 °C Umluft einstellen und die Pastete 70 Minuten backen. Wer ein Küchenthermometer hat, kann auch die Kerntemperatur messen: sobald 64 °C erreicht sind, die Pastete aus dem Ofen nehmen.

Die Pastete bei Raumtemperatur 30 Minuten ruhen lassen, dann über Nacht in den Kühlschrank stellen. Am folgenden Tag das Gelee einfüllen (s. S. 173). Die Pastete vor dem Servieren mindestens 60 Minuten kalt stellen.

DUMAS

ZUBEREITUNG
1 Tag

GARZEIT
90 Minuten

RUHEZEIT
1 Nacht

PASTETEN IM TEIG

»BELLE AURORE«

◆ ◆ ◆

ZUTATEN

1,25 kg Schweinebauch wie gewachsen (1 kg netto)
1,25 kg Kalbsbrust wie gewachsen (1 kg netto)
100 g schwarze Trüffel
500 g Wildschweinfilet
500 g Hähnchenbrustfilet
500 g Fasanenbrustfilet
500 g Wildentenbrustfilet
500 g Rebhuhnbrustfilet
2 TL Pfeffer aus der Mühle
7 Eier
200 g flüssige süße Sahne
100 ml Armagnac
75 g Salz
fein gehackte Nüsse zum Bestreuen (nach Belieben)
1,5 kg Mürbeteig (s. S. 163)

25 PERSONEN

Aus dem Schweinebauch falls nötig die Knochen auslösen. Die Schwarte abschneiden, die darunterliegende Fettschicht aber nicht entfernen. Den Schweinebauch in etwa 7 mm große Würfel schneiden (s. S. 21) und in eine Schüssel geben. Die Kalbsbrust ebenfalls entbeinen und in 7 mm große Würfel schneiden, in eine separate Schüssel geben.

Die Trüffel in feine Streifen schneiden und beiseitestellen.

Das Wildschweinfilet und die Filets von Hähnchen, Fasan, Wildente und Rebhuhn der Länge nach 2 cm dicke Streifen schneiden.

75 g Salz und 2 TL Pfeffer mischen und in drei Portionen teilen: eine mit 50 %, die beiden anderen mit jeweils 25 % des Gesamtgewichts. Die große Portion gleichmäßig auf das in Streifen geschnittene Fleisch verteilen.

Mit den beiden kleineren Portionen der Salz-Pfeffer-Mischung die Schweinebauch- und die Kalbsbrustwürfel würzen. Die Fleischwürfel mit der Hand (oder auf niedriger Stufe in der Küchenmaschine) bearbeiten (s. S. 21).

Zwei Eier, 100 g Sahne und 50 ml Armagnac zu dem Schweinebauch geben und alles zu einer homogenen Masse verarbeiten und von Hand (oder in der Maschine) kräftig durchkneten. Den Vorgang mit der Kalbsbrust wiederholen.

Den Backofen auf 210°C Umluft vorheizen.

Den Teig 7 mm dick ausrollen und für den Pastetenboden und -deckel in zwei Teile schneiden: Der Boden muss groß genug sein, um das Backblech vollständig zu bedecken, soll aber nicht über den Rand hinausragen. Der Deckel sollte um jeweils ein Drittel länger und breiter sein als der Boden. Ein Backblech mit Backpapier auslegen und den Teigboden daraufgeben.

Diese Pastete ist ein Monument der französischen Gastronomie vom Anfang des 19. Jahrhunderts. Als Urheber gilt der Koch des berühmten Schriftstellers und Gastrosophen Jean Anthelme Brillat-Savarin, dessen Mutter der Koch insgeheim liebte und verehrte. Ihr Vorname war Aurore, und aufgrund von Form und Größe der Pastete nannte man sie das »Kopfkissen der schönen Aurora«. Die Füllung bestand aus edelstem Wildbret, Kalbfleisch, Schweinefleisch, Stopfleber und Trüffeln. Wir begnügen uns hier mit einer vergleichsweise erschwinglichen Version, an die sich dennoch wohl nur die mutigsten Hobby-Charcutiers heranwagen werden.

Die Kalbsbrustwürfel gleichmäßig auf dem Teigboden verteilen, dabei auf allen Seiten einen mindestens 3 cm breiten Rand frei lassen. Mit den Trüffeln bedecken. Sämtliche Fleischstreifen von Wildschwein, Hähnchen, Fasan, Wildente und Rebhuhn abwechselnd in Längsrichtung auf den Trüffeln anordnen. Mit den Schweinebauchwürfeln abschließen.

Die restlichen Eier verquirlen und damit den Teig um die Füllung herum etwa 3 cm breit mit einem Pinsel dünn bestreichen (s. S. 167).

Den Teigdeckel auf die Füllung legen und rundherum leicht andrücken, sodass er deren Form annimmt. Die beiden Teigplatten durch leichten Druck auf den mit Ei bestrichenen Rand miteinander verbinden. Überschüssigen Teig wegschneiden, falls nötig (s. S. 167).

Zum Schluss die Teigkanten fest versiegeln, nach Belieben mit einem Messerrücken verzieren. Die Pastete mit dem restlichen Ei bestreichen und nach Belieben mit gehackten Nüssen bestreuen. In die Mitte des Deckels ein Loch von etwa 3 cm Durchmesser schneiden (s. S. 167).

Das Blech in den vorgeheizten Backofen schieben. Nach 30 Minuten die Temperatur auf 110 °C Umluft zurückschalten und die Pastete weitere 60 Minuten backen.

Die Pastete ist fertig, sobald das Küchenthermometer eine Kerntemperatur von 64 °C anzeigt. Die Pastete bei Raumtemperatur 60 Minuten ruhen lassen, dann über Nacht in den Kühlschrank stellen.

Vor dem Servieren in Scheiben schneiden und im Backofen leicht erhitzen, um die geschmacklichen Kontraste zu unterstreichen.

REZEPT GETESTET VON

GILLES & NICOLAS

»Für diese Riesenpastete braucht man mindestens vier Hände, um alle Arbeitsschritte zu bewältigen.«

SÜLZE

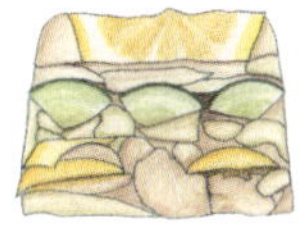

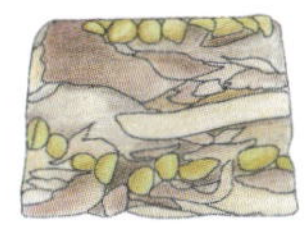

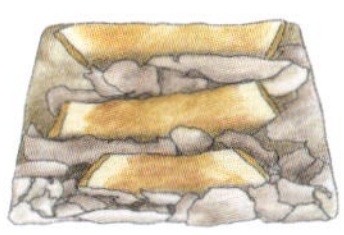

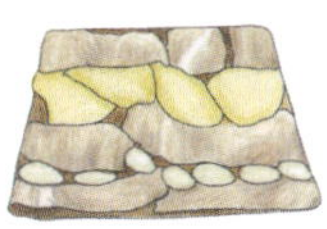

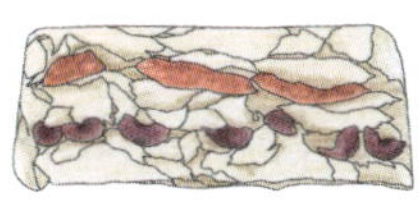

GARSUD ABSEIHEN

Die durch ein Sieb oder ein Tuch gegossene Garflüssigkeit verleiht jeder Sülze ihren individuellen Geschmack.

MIT EINEM SIEB

Den Sud durch ein feines Sieb gießen und die Rückstände mithilfe eines Spatels gut ausdrücken.

MIT EINEM SEIHTUCH

SCHRITT 1

Alternativ ein sauberes Geschirrtuch in eine Schüssel legen und das Passiergut hineinfüllen..

SCHRITT 2

Das Tuch an den Ecken anheben, über dem Passiergut zusammendrehen und die Flüssigkeit über der Schüssel auspressen.

SÜLZE AUS DER FORM LÖSEN

Eine Sülze unbeschadet aus der Form zu lösen ist nicht ganz einfach und erfordert größte Behutsamkeit. Mit der folgenden Schritt-für-Schritt-Anleitung werden Sie jede Sülze mühelos aus der Form stürzen.

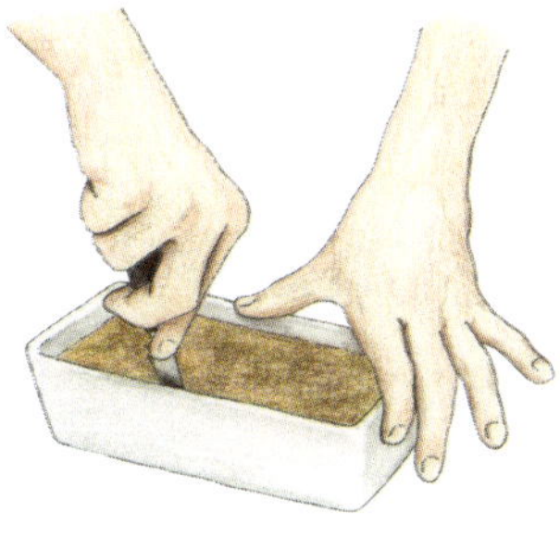

SCHRITT 1

Mit einem spitzen Messer am Rand der Form entlangfahren und die Sülze lösen.

SCHRITT 2

Die Form drei Viertel hoch für 10 Sekunden in ein Gefäß mit heißem Wasser tauchen, um den Boden der Sülze zu lösen.

SCHRITT 3

Die Form mit einer Servierplatte oder einem Brett abdecken und beides zusammen umdrehen. Die Form vorsichtig von der Sülze abheben.

ZUBEREITUNG
1 Stunde 45 Minuten

GARZEIT
4 Stunden

RUHEZEIT
1 Nacht

SÜLZE

RIND & GEMÜSE

◆ ◆ ◆

ZUTATEN

2 kleine Stangen Lauch
1 Bund glatte Petersilie
2 Knoblauchzehen
3 mittelgroße Karotten
1 Zwiebel
4 TL Salz
3 Prisen Pfeffer
800 g Schaufelstück vom Rind
50 g Blattgelatine

6 PERSONEN

Von den Lauchstangen den grünen Teil abschneiden. In einem Topf 2 ½ l Wasser zum Kochen bringen. Die grünen Lauchblätter hineingeben, das Bund Petersilie, die Knoblauchzehen, die grob gehackte Zwiebel, eine in sechs Stücke geschnittene Karotte sowie das Salz und den Pfeffer hineingebengeben und 30 Minuten köcheln lassen. Anschließend die beiden restlichen geschälten Karotten, die weißen Lauchstangen und das Rindfleisch hinzufügen, dabei darauf achten, dass alle Zutaten vollständig von Flüssigkeit bedeckt sind.

Die Garzeit für das Schaufelstück beträgt etwa 3 ½ Stunden, Karotten und Lauch sind schneller gar. Gelegentlich eine Garprobe machen und herausnehmen, was sich mit einer Gabel widerstandslos einstechen lässt. Fleisch und Gemüse bei Raumtemperatur abkühlen lassen.

Die Gelatine in einem Gefäß mit kaltem Wasser einweichen. 500 ml der Brühe durch ein Sieb gießen (s. S. 202) und zum Kochen bringen. Probieren und nachwürzen, falls nötig.

Die Gelatine aus dem Wasser nehmen, in die kochend heiße Brühe geben und unter kräftigem Rühren auflösen.

Das Rindfleisch mit den Händen in Stücke zupfen.

Die Karotten und die Lauchstangen der Länge nach vierteln. Eine Kasten- oder Terrinenform zu einem Drittel mit Rindfleisch füllen und mit Brühe knapp bedecken. Die Hälfte der Karotten- und Lauchstreifen abwechselnd in Längsrichtung darauf anordnen. Eine weitere Schicht Fleisch einfüllen und wieder knapp mit Brühe bedecken. Den Vorgang wiederholen, dabei die Gemüse in umgekehrter Reihenfolge einschichten. Mit einer Schicht Rindfleisch abschließen und mit der Brühe knapp bedecken.

Die Form 30 Minuten bei Raumtemperatur ruhen lassen, anschließend mit Frischhaltefolie abdecken und über Nacht in den Kühlschrank stellen.

Die Sülze vor dem Servieren aus der Form stürzen (s. S. 203).

REZEPT GETESTET VON
GILLES & NICOLAS

»Das Schaufelstück ist ein Teil der Schulter – alternativ eignet sich auch Rindernacken oder Beinfleisch.«

ZUBEREITUNG
1 Stunde 45 Minuten

GARZEIT
2 Stunden 30 Minuten

RUHEZEIT
1 Nacht

SÜLZE

KANINCHEN

◆ ◆ ◆

ZUTATEN

1 Bund glatte Petersilie
2 Knoblauchzehen
1 Zwiebel
3 TL Salz
3 Prisen Pfeffer aus der Mühle
2 mittelgroße Karotten
1 mittelgroße Zucchini
1,2 kg Kaninchenkeulen
50 g Blattgelatine

5 PERSONEN

In einem Topf 2 ½ l Wasser zum Kochen bringen. Zwei Drittel der Petersilienstängel, den Knoblauch und die grob gehackte Zwiebel hineingeben, das Salz und den Pfeffer hinzufügen und alles 30 Minuten sanft köcheln lassen.

Die Karotten schälen, von der Zucchini das obere und untere Ende abschneiden. Die restlichen Petersilienblätter fein hacken.

Nach Ablauf der 30 Minuten die Karotten, die Zucchini und die Kaninchenkeulen in das siedende Wasser geben und gar ziehen lassen, dabei darauf achten, dass alle Zutaten vollständig von Flüssigkeit bedeckt sind. Die Garzeit für die Kaninchenkeulen beträgt etwa 2 Stunden, Karotten und Zucchini sind schneller gar. Gelegentlich eine Garprobe machen und herausnehmen, was sich mit einer Gabel widerstandslos einstechen lässt. Fleisch und Gemüse bei Raumtemperatur abkühlen lassen.

Die Gelatineblätter in einem Gefäß mit kaltem Wasser einweichen. Von dem Garsud 500 ml abseihen (s. S. 202) und zum Kochen bringen. Probieren und nachwürzen, falls nötig. Die Gelatineblätter aus dem Wasser nehmen, in die heiße Brühe geben und darin auflösen. Das Kaninchenfleisch von den Knochen lösen und mit den Händen in Stücke zupfen.

Die Karotte der Länge nach vierteln, die Zucchini achteln. Die gehackte Petersilie unter die Brühe rühren. Eine Kasten- oder Terrinenform zu einem Drittel mit Kaninchenfleisch füllen und mit Brühe knapp bedecken. Die Hälfte der Karotten- und Zucchinistreifen abwechselnd in Längsrichtung darauf anordnen. Eine weitere Schicht Fleisch einfüllen und wieder knapp mit Brühe bedecken. Den Vorgang wiederholen, dabei die Gemüse in umgekehrter Reihenfolge einschichten. Mit einer Schicht Rindfleisch abschließen und mit Brühe knapp bedecken.

Die Sülze 30 Minuten bei Raumtemperatur ruhen lassen, anschließend mit Frischhaltefolie abdecken und über Nacht in den Kühlschrank stellen. Vor dem Servieren aus der Form stürzen (s. S. 203).

REZEPT GETESTET VON

ANTHONY MONTARELLO

»Geschmacklich wie optisch ein Genuss – ein Teller voller Sonne!«

ZUBEREITUNG
90 Minuten

GARZEIT
2 Stunden 30 Minuten

RUHEZEIT
1 Nacht

SÜLZE

HUHN & KANDIERTE ZITRONE

◆ ◆ ◆

ZUTATEN

1 Bund glatte Petersilie
2 Knoblauchzehen
1 Zwiebel
1 Karotte
3 TL Salz
3 Prisen Pfeffer aus der Mühle
1,2 kg Hähnchenkeulen
2 Bio-Zitronen
200 g Zucker
1 Zucchini
Olivenöl
50 g Blattgelatine

5 PERSONEN

REZEPT GETESTET VON

GILLES & NICOLAS

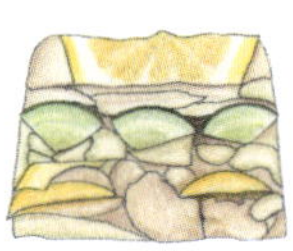

»Einfacher und schneller geht es mit fertig gekauften kandierten Zitronen.«

Das Bund Petersilie, den Knoblauch, die grob gehackte Zwiebel, die in sechs Stücke geschnittene Karotte mit dem Salz und dem Pfeffer in einen Topf mit 2 ½ l siedendem Wasser geben und 30 Minuten sanft köcheln lassen.

Nach Ablauf der 30 Minuten die Hähnchenkeulen dazugeben und knapp unter dem Siedepunkt gar ziehen lassen, das dauert etwa 2 Stunden.

Die Zitronen in 1 cm dicke Scheiben schneiden. In einem Topf 200 ml Wasser zum Kochen bringen, den Zucker einrühren, dann mittlere Temperatur einstellen. Die Hälfte der Zitronenscheiben in den Sirup geben und 15 Minuten kandieren. Herausnehmen und beiseitestellen. Den Vorgang mit den restlichen Zitronenscheiben wiederholen. Die Zucchini der Länge nach achteln, in eine ofenfeste Form legen, mit Olivenöl beträufeln, mit je 1 Prise Salz und Pfeffer bestreuen und im Backofen bei 160 °C Umluft 60 Minuten garen.

Die Gelatine in kaltem Wasser einweichen. Von dem Garsud 500 ml durch ein Sieb gießen (s. S. 202) und zum Kochen bringen. Probieren und nachwürzen, falls nötig. Die Gelatineblätter aus dem Wasser nehmen, in die heiße Brühe geben und unter kräftigem Rühren darin auflösen.

Das Fleisch der Hähnchenkeulen mit den Händen von den Knochen zupfen. Den Boden einer Terrinenform mit einer Schicht Zitronenscheiben auslegen. Eine Schicht Hähnchenfleisch einfüllen und mit der Brühe knapp bedecken. Die Zucchinistreifen darauf anrichten, mit Hähnchenfleisch abdecken und mit Brühe aufgießen. Die restlichen Zitronenscheiben darauf verteilen, mit dem restlichen Hähnchenfleisch abschließen und mit Brühe knapp bedecken.

Die Sülze 30 Minuten bei Raumtemperatur ruhen lassen, anschließend mit Frischhaltefolie abdecken und über Nacht in den Kühlschrank stellen. Vor dem Servieren aus der Form stürzen (s. S. 203).

ZUBEREITUNG
1 Stunde 45 Minuten

GARZEIT
3 Stunden 30 Minuten

RUHEZEIT
1 Nacht

SÜLZE

SOMERGEMÜSE

ZUTATEN

1 Bund Petersilie
2 Knoblauchzehen
1 Zwiebel
1 Karotte
3 TL Salz, plus 1 Prise
4 Prise Pfeffer aus der Mühle
2 große Artischocken
3 grüne oder gelbe Paprikaschoten
3 mittelgroße Tomaten
2 Zucchini
Olivenöl zum Beträufeln
30 g Blattgelatine

6 PERSONEN

Das Bund Petersilie, die Knoblauchzehen, die grob gehackte Zwiebel und die in sechs Stücke geschnittene Karotte mit dem Salz und 3 Prisen Pfeffer in einen Topf mit 1 l siedendem Wasser geben und 60 Minuten sanft köcheln lassen. In einem zweiten Topf die Artischocken 90 Minuten in kochendem Salzwasser garen.

Die Paprikaschoten vierteln und von den Kernen und weißen Trennhäuten befreien. Die Tomaten vierteln und den Stielansatz sowie das Innere samt Kernen herausschneiden. Die Zucchini der Länge nach achteln.

Tomaten, Paprika und Zucchini auf einem Backblech verteilen, mit Olivenöl beträufeln, mit je 1 Prise Salz und Pfeffer bestreuen und in den kalten Backofen schieben. Die Temperatur auf 160 °C Umluft einstellen. Die Tomaten nach 15 Minuten herausnehmen, Paprika und Zucchini weitere 45 Minuten garen. Tomaten und Paprikaschoten auf Raumtemperatur abkühlen lassen und enthäuten.

Die Gelatine in kaltem Wasser einweichen. Von dem Garsud 500 ml abseihen (s. S. 202) und zum Kochen bringen. Probieren und nachwürzen, falls nötig. Die Gelatineblätter aus dem Wasser nehmen, in die heiße Brühe geben und unter kräftigem Rühren darin auflösen. Beiseitestellen.

Die Artischockenblätter abzupfen, die Böden vom Heu befreien und quer halbieren. Die Zucchiniachtel der Länge nach halbieren. Den Boden der Form mit Zucchini auslegen und knapp mit der Brühe bedecken. Mit etwas Salz und Pfeffer bestreuen. Darauf Paprikastreifen anordnen und erneut knapp mit Brühe bedecken. Die Tomaten und anschließend die Artischockenböden einschichten, dabei jeweils knapp mit Brühe bedecken. Den Vorgang in der gleichen Reihenfolge wiederholen.

Die Sülze 30 Minuten bei Raumtemperatur ruhen lassen, anschließend mit Frischhaltefolie abdecken und über Nacht in den Kühlschrank stellen. Vor dem Servieren aus der Form stürzen (s. S. 203).

REZEPT GETESTET VON

SOPHIE YVORRA

»Eine überzeugende Mischung, frisch und farbenfroh – Sie werden begeistert sein!«

KRÄUTER

EIN HAUCH VON LEICHTIGKEIT

Im letzten Moment untergemischt oder mitgegart – Kräuter sorgen für eine große Palette an Aromen. Sie können Pasteten mehr Charakter verleihen und Terrinen eine gewisse Finesse, Tourtes zusätzliche Frische, Rillettes besondere Originalität und einer Sülze frische Farbe. Natürlich müssen Kräuter immer passend zum jeweiligen Rezept ausgewählt werden.

WAS PASST WOZU?

PETERSILIE

Das Lieblingskraut der Charcutiers wird für die Herstellung zahlreicher regionaler Spezialitäten verwendet. Petersilie verleiht Zubereitungen Frische, ob gegart in einer Terrine oder roh in einer Sülze.

ESTRAGON

Mit seinen herb-pikanten, intensiv aromatischen Geschmacksnuancen liefert Estragon eine kräftige Würze und muss mit entsprechender Vorsicht dosiert werden, damit er die weiteren Zutaten der jeweiligen Zubereitung nicht überdeckt.

THYMIAN UND LORBEER

Thymian und Lorbeer sind unverzichtbare Bestandteile des typischen Kräutersträußchens für die Zubereitung einer Brühe. Ihre intensiven Aromen verleihen Charcuterie-Zubereitungen provenzalischen Charme.

KERBEL

Kerbel sieht aus wie der kleine Bruder der glatten Petersilie, erinnert aber geschmacklich eher an Fenchel. Man kann ihn wie Petersilie verwenden.

KORIANDER

Bei Koriander mit seinem exotisch-würzigen Geschmack scheiden sich die Geister: Man liebt ihn oder man hasst ihn! Um seine Aromen zur Geltung zu bringen, empfiehlt es sich, ihn zum Schluss grob gehackt unterzumischen.

BASILIKUM

Basilikum verströmt einen kräftigen Duft und wird deshalb hauptsächlich frisch und ungegart verwendet. Das Aroma kommt am besten zur Geltung, wenn man die Blätter grob gehackt kurz vor dem Servieren hinzufügt.

ZUBEREITUNG	GARZEIT	RUHEZEIT
90 Minuten	2 Stunden 30 Minuten	1 Nacht

SÜLZE

HUHN & KRÄUTER

ZUTATEN

2 Bund glatte Petersilie
4 Knoblauchzehen
1 Zwiebel
4 TL Salz
3 Prisen Pfeffer aus der Mühle
1 Bund Estragon
1 Bund Koriandergrün
1,5 kg Hähnchenkeulen
50 g Blattgelatine

6 PERSONEN

Ein Bund Petersilie, die Knoblauchzehen, die grob gehackte Zwiebel sowie das Salz und den Pfeffer in einen Topf mit 3 l siedendem Wasser geben und 30 Minuten sanft köcheln lassen.

Die Estragon-, Koriander- und restlichen Petersilienblätter fein hacken.

Nach Ablauf der 30 Minuten die Hähnchenkeulen in die Brühe geben, dabei darauf achten, dass sämtliche Zutaten vollständig bedeckt sind. Sobald man mit einer Gabel widerstandslos in das Fleisch stechen kann, sind die Keulen gar, in der Regel nach etwa 2 Stunden (das Fleisch löst sich am unteren Keulenende vom Knochen).

Die Gelatine in einem Gefäß mit kaltem Wasser einweichen.

Von dem Garsud 500 ml abseihen (s. S. 202) und zum Kochen bringen. Probieren und nachwürzen, falls nötig.

Die Gelatineblätter aus dem Wasser nehmen, in die heiße Brühe geben und unter kräftigem Rühren darin auflösen.

Die Hähnchenkeulen häuten, das Fleisch von den Knochen lösen und mit den Händen in Stücke zupfen. In eine Schüssel geben, die fein gehackten Kräuter und die abgeseihte Brühe hinzufügen und alles gründlich vermengen.

Die Hähnchenfleisch-Kräuter-Brühe-Mischung in eine Terrinenform füllen.

Die Sülze 30 Minuten bei Raumtemperatur ruhen lassen, anschließend mit Frischhaltefolie abdecken und über Nacht in den Kühlschrank stellen. Vor dem Servieren aus der Form stürzen (s. S. 203).

REZEPT GETESTET VON

GILLES & NICOLAS

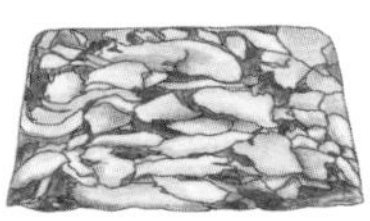

»Ein kleiner Tipp: das gegarte, aus der Brühe genommene Fleisch so schnell wie möglich weiterverarbeiten, damit es nicht austrocknet.«

ZUBEREITUNG	GARZEIT	RUHEZEIT
90 Minuten	2 Stunden 30 Minuten	1 Nacht

SÜLZE

HUHN & PISTAZIEN

◆ ◆ ◆

ZUTATEN

1 Bund glatte Petersilie
2 Knoblauchzehen
1 Zwiebel
1 Karotte
4 TL Salz
3 Prisen Pfeffer aus der Mühle
3 Schalotten
100 g Pistazienkerne
1,2 kg Hähnchenkeulen
150 g Hähnchenbrustfilet, gegart
50 g Blattgelatine

6 PERSONEN

REZEPT GETESTET VON

GILLES & NICOLAS

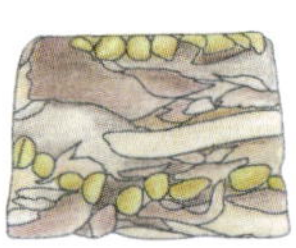

»Diese Komposition aus Farben und Aromen muss man einfach mögen!«

Das Bund Petersilie, den Knoblauch, die grob gehackte Zwiebel, die in sechs Stücke geschnittene Karotte sowie das Salz und den Pfeffer in einen Topf mit 2 ½ l siedendem Wasser geben und 30 Minuten sanft köcheln lassen.

Die Schalotten unzerteilt in eine ofenfeste Form legen. In den kalten Backofen schieben. Die Temperatur auf 160 °C Umluft einstellen und die Schalotten 30 Minuten garen. Die Pistazienkerne halbieren.

Nach Ablauf der 30 Minuten die Hähnchenkeulen in die Brühe geben und knapp unter dem Siedepunkt garen. Nach etwa 2 Stunden sollte das Fleisch gar sein und sich am unteren Keulenende vom Knochen zu lösen beginnen. Herausnehmen und bei Raumtemperatur abkühlen lassen.

Die gegarten Schalotten abziehen und längs halbieren.

Die Gelatine in einem Gefäß mit kaltem Wasser einweichen. Von dem Garsud 500 ml abseihen (s. S. 202) und zum Kochen bringen. Probieren und nachwürzen, falls nötig. Die Gelatineblätter aus dem Wasser nehmen, in die heiße Brühe geben und unter kräftigem Rühren darin auflösen. Den Topf vom Herd nehmen.

Die Hähnchenkeulen enthäuten, das Fleisch von den Knochen lösen und mit den Händen in Stücke zupfen. Die Hälfte der Pistazien in der Form verteilen, darauf die Hälfte des Keulenfleischs legen, am Rand die Schalottenstücke platzieren. Alles mit der Brühe knapp bedecken. Das Hähnchenbrustfilet quer halbieren, beide Hälften darauflegen, mit dem restlichen Keulenfleisch und den Pistazien abschließen. Alles knapp mit Brühe bedecken.

Die Sülze 30 Minuten bei Raumtemperatur ruhen lassen, anschließend mit Frischhaltefolie abdecken und über Nacht in den Kühlschrank stellen. Vor dem Servieren aus der Form stürzen (s. S. 203).

ZUBEREITUNG
90 Minuten

GARZEIT
3 Stunden

RUHEZEIT
1 Nacht

SÜLZE

ENTE & KANDIERTE ORANGE

ZUTATEN

1 Bund glatte Petersilie
2 Knoblauchzehen
1 Zwiebel
1 Karotte
4 TL Salz
4 Prisen Pfeffer aus der Mühle
800 g Entenkeulen
300 g Zucker
2 Bio-Orangen
30 g Blattgelatine

6 PERSONEN

REZEPT GETESTET VON

GILLES & NICOLAS

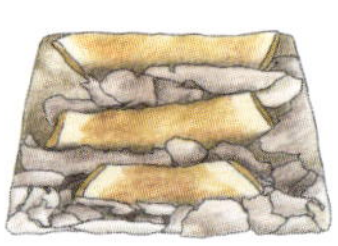

»Für eine größere Sülze empfiehlt es sich, eine ganze Ente zu verwenden.«

Das Bund Petersilie, den Knoblauch, die grob gehackte Zwiebel und die in sechs Stücke geschnittene Karotte mit dem Salz und dem Pfeffer in einen Topf mit 2,5 l siedendem Wasser geben und 30 Minuten sanft köcheln lassen.

Anschließend die Entenkeulen dazugeben, dabei darauf achten, dass sämtliche Zutaten vollständig bedeckt sind. Die Garzeit für das Fleisch beträgt etwa 2 ½ Stunden. Wenn sich das Fleisch am unteren Keulenende vom Knochen zu lösen beginnt und mit einer Gabel leicht einstechen lässt, ist es gar.

In einem Topf 300 ml Wasser zum Kochen bringen, den Zucker einrühren und auf mittlere Temperatur herunterschalten. Die Orangen in 1 cm dicke Scheiben schneiden und etwa 60 Minuten in dem Sirup kandieren.

Die Blattgelatine in einem Gefäß mit kaltem Wasser einweichen.

Von dem Garsud 500 ml abseihen (s. S. 202) und zum Kochen bringen. Probieren und nachwürzen, falls nötig. Die Gelatine aus dem Wasser nehmen und in der heißen Brühe auflösen.

Die Entenkeulen enthäuten, das Fleisch von den Knochen lösen und mit den Händen in Stücke zupfen.

Den Boden der Form mit Orangenscheiben auslegen. Abwechselnde Schichten aus Fleischstücken und Orangenscheiben einfüllen und jeweils mit Brühe knapp bedecken. Mit einer Schicht Fleisch abschließen und mit Brühe auffüllen.

Die Sülze 30 Minuten bei Raumtemperatur ruhen lassen, anschließend mit Frischhaltefolie abdecken und über Nacht in den Kühlschrank stellen. Vor dem Servieren aus der Form stürzen (s. S. 203).

ZUBEREITUNG
90 Minuten

GARZEIT
60 Minuten

RUHEZEIT
1 Nacht

SÜLZE

WINTERGEMÜSE

ZUTATEN

400 g kleine Lauchstangen
1 Bund Petersilie
2 Knoblauchzehen
1 Zwiebel
1 Karotte
3 Prisen Pfeffer aus der Mühle
400 g Kürbis
300 g Champignons
200 g Rosenkohl
50 g Blattgelatine
3 TL Salz

6 PERSONEN

REZEPT GETESTET VON

JUSTINE LEAUTEY

»Eine leichte Sülze für Gourmets. Das Wintergemüse kommt hier gut zur Geltung.«

Von den Lauchstangen den grünen Teil und den Wurzelansatz abschneiden. Die grünen Teile mit dem Bund Petersilie, den Knoblauchzehen, der grob gehackten Zwiebel, der in sechs Stücke geschnittenen Karotte sowie dem Salz und dem Pfeffer in einen Topf mit 1 ½ l siedendem Wasser geben und 30 Minuten sanft köcheln lassen.

Den Kürbis schälen und die Kerne entfernen. Vom Rosenkohl und von den Champignons das Stielende abschneiden. Das Kürbisfleisch in 1 cm breite Streifen schneiden.

Nach Ablauf der 30 Minuten den Rosenkohl, die weißen Lauchstangen, die Kürbisstreifen und die Champignons in den Topf geben. Den Gargrad dieser vier Zutaten einzeln überprüfen und alles herausnehmen, sobald man es mit einer Gabel leicht einstechen kann. Bei Raumtemperatur abkühlen lassen.

Die Gelatine in kaltem Wasser einweichen. Von dem Garsud 500 ml abseihen (s. S. 202) und zum Kochen bringen. Probieren und nachwürzen, falls nötig. Die Gelatineblätter aus dem Wasser nehmen und in der heißen Brühe auflösen. Die Brühe beiseitestellen.

Die Champignonstiele von den Köpfen trennen und hacken. Die Rosenkohl-Röschen halbieren.

Den Boden der Form mit Rosenkohl, Lauch, Kürbis und Champignons in abwechselnder Reihenfolge auslegen und mit der Brühe knapp bedecken. Die restlichen Rosenkohlhälften mit der Rundung nach innen darauf verteilen und erneut knapp mit Brühe bedecken. Die restlichen Kürbisspalten darauf anrichten und mit Brühe bedecken, anschließend die Lauchstangen verteilen und ebenfalls knapp mit Brühe bedecken. Die Champignonköpfe mit der Rundung nach innen darauf verteilen, die Lücken mit den gehackten Stielen füllen; zum Schluss bis zum Rand der Füllung Brühe aufgießen.

Die Sülze 30 Minuten bei Raumtemperatur ruhen lassen, anschließend mit Frischhaltefolie abdecken und über Nacht in den Kühlschrank stellen. Vor dem Servieren aus der Form stürzen (s. S. 203).

ZUBEREITUNG	GARZEIT	RUHEZEIT
1 Stunde 45 Minuten	2 Stunden 30 Minuten	1 Nacht

SÜLZE

BUNTES HUHN

◆ ◆ ◆

ZUTATEN

1 Bund glatte Petersilie
2 Knoblauchzehen
1 Zwiebel
3 Karotten
4 TL Salz
3 Prisen Pfeffer aus der Mühle
1 kg Hähnchenkeulen
2 Rote Beten
50 g Blattgelatine

6 PERSONEN

Das Bund Petersilie, den Knoblauch, die grob gehackte Zwiebel und eine in sechs Stücke geschnittene Karotte mit dem Salz und dem Pfeffer in 2 ½ l siedendes Wasser geben und 30 Minuten sanft köcheln lassen. Anschließend die Hähnchenkeulen, die Rote Bete und die beiden restlichen geschälten Karotten dazugeben, dabei darauf achten, dass alle Zutaten vollständig bedeckt sind.

Den Gargrad von Karotten, Roter Bete und Hähnchenkeulen überprüfen: Was sich mit einer Gabel widerstandslos einstechen lässt, herausnehmen und beiseitelegen. Die Garzeit für die Hähnchenkeulen beträgt etwa 2 Stunden (sie sind gar, wenn sich das Fleisch am unteren Ende vom Knochen löst).

Die Gelatine in einem Gefäß mit kaltem Wasser einweichen.

Von dem Garsud 500 ml abseihen (s. S. 202) und zum Kochen bringen. Probieren und nachwürzen, falls nötig. Die Gelatineblätter aus dem Wasser nehmen, in die heiße Brühe geben und unter kräftigem Rühren darin auflösen.

Die Rote Bete schälen, eine in 1 cm dicke Scheiben schneiden, die andere in Stäbchen. Eine Karotte der Länge nach vierteln, die andere in Stäbchen schneiden.

Die Hähnchenkeulen enthäuten, das Fleisch von den Knochen lösen und in Stücke zupfen.

Den Boden der Form mit Rote-Bete-Stäbchen und Karotten auslegen, das Fleisch bis zu einem Drittel der Formhöhe einfüllen und mit der Brühe knapp bedecken. Darauf die Rote-Bete-Scheiben anordnen, bis zu zwei Dritteln der Formhöhe mit Fleisch auffüllen, darauf die Karottenviertel legen und mit Brühe knapp bedecken. Mit dem restlichen Fleisch abschließen und mit Brühe aufgießen.

Die Sülze 30 Minuten bei Raumtemperatur ruhen lassen, anschließend mit Frischhaltefolie abdecken und über Nacht in den Kühlschrank stellen. Vor dem Servieren aus der Form stürzen (s. S. 203).

REZEPT GETESTET VON

GILLES & NICOLAS

»Dieses Rezept besticht durch farbenfrohe Optik und frischen Geschmack.«

ZUBEREITUNG
90 Minuten

GARZEIT
2 Stunden

RUHEZEIT
1 Nacht

SÜLZE

LAMM MIT APFEL & MANDELN

◆◆◆

ZUTATEN

1 Bund Petersilie
2 Knoblauchzehen
1 Zwiebel
1 Karotte
3 TL Salz
3 Prisen Pfeffer aus der Mühle
2 mittelgroße Äpfel
100 g Mandelkerne
20 g Butter
3 EL Zucker
800 g Lammschulter ohne Knochen
50 g Blattgelatine

6 PERSONEN

REZEPT GETESTET VON

GILLES & NICOLAS

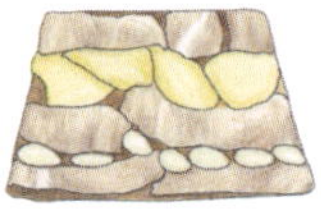

»Wenn man alles nach dem Zufallsprinzip in die Form füllt, erhält man ein schönes Mosaik.«

Das Bund Petersilie, die Knoblauchzehen, die grob gehackte Zwiebel und die in sechs Stücke geschnittene Karotte mit dem Salz und dem Pfeffer in 2 ½ l siedendes Wasser geben und 30 Minuten sanft köcheln lassen.

Die Äpfel schälen, vierteln, vom Kerngehäuse befreien und jedes Viertel halbieren. Die Mandeln ohne Zugabe von Fett in eine Pfanne geben und bei hoher Temperatur 2 Minuten unter Rühren anrösten. Herausnehmen. In derselben Pfanne die Butter bei mittlerer Temperatur zerlassen und die Apfelstücke darin unter Rühren 2 Minuten anschwitzen. Mit dem Zucker bestreuen und unter häufigem Wenden garen, bis sie weich und leicht gebräunt sind. Bei Raumtemperatur abkühlen lassen.

Nach Ablauf der 30 Minuten die Lammschulter in das siedende Wasser geben, dabei darauf achten, dass sie vollständig bedeckt ist. Die Garzeit beträgt etwa 90 Minuten; wenn sich das Fleisch mit einer Gabel widerstandslos einstechen lässt, ist es gar. Herausnehmen und abkühlen lassen.

Die Gelatine in einem Gefäß mit kaltem Wasser einweichen. Von dem Garsud 500 ml abseihen (s. S. 202) und zum Kochen bringen. Probieren und nachwürzen, falls nötig. Die Gelatineblätter aus dem Wasser nehmen, in die heiße Brühe geben und unter Rühren darin auflösen. Beiseitestellen.

Das Lammfleisch mit den Händen in Stücke zupfen. Eine Form zu einem Drittel mit den Fleischstücken füllen und so viel Brühe angießen, dass das Fleisch knapp bedeckt ist. Mit den Apfelstücken belegen. Bis zu zwei Dritteln der Formhöhe mit Fleisch auffüllen und knapp mit Brühe bedecken. Die gerösteten Mandeln darauf verteilen, das restliche Fleisch einschichten und knapp mit Brühe bedecken. Die Sülze 30 Minuten bei Raumtemperatur ruhen lassen, anschließend mit Frischhaltefolie abdecken und über Nacht in den Kühlschrank stellen. Vor dem Servieren aus der Form stürzen (s. S. 203).

ZUBEREITUNG
90 Minuten

GARZEIT
2 Stunden 30 Minuten

RUHEZEIT
1 Nacht

SÜLZE

KANINCHEN MIT TOMATE & OLIVEN

♦ ♦ ♦

ZUTATEN

1 Bund Petersilie
2 Knoblauchzehen
1 Zwiebel
1 Karotte
3 TL Salz, plus 1 Prise
4 Prisen Pfeffer aus der Mühle
5 mittelgroße Tomaten
Olivenöl
150 g entsteinte schwarze Oliven
1,2 kg Kaninchenkeulen
50 g Blattgelatine

6 PERSONEN

REZEPT GETESTET VON

CÉCILE VERNAY-BONINO

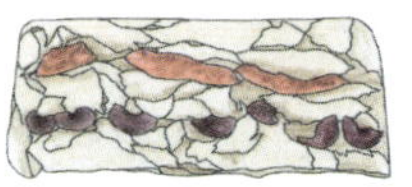

»Das Kaninchenfleisch war wunderbar zart. Am besten schmeckt die Sülze im Sommer mit sonnengereiften Tomaten.«

Das Bund Petersilie, die Knoblauchzehen, die grob gehackte Zwiebel und die in sechs Stücke geschnittene Karotte mit dem Salz und 3 Prisen Pfeffer in 2 ½ l siedendes Wasser geben und 30 Minuten sanft köcheln lassen.

Die Tomaten vierteln, den Stielansatz und das weiche Innere samt Kernen herausschneiden und in den Garsud geben. Die Tomatenviertel auf ein Backblech legen, mit Olivenöl beträufeln und mit je 1 Prise Salz und Pfeffer bestreuen. In den kalten Backofen schieben, die Temperatur auf 150 °C Umluft einstellen und die Tomaten 15 Minuten garen. Herausnehmen und die Haut abziehen. Die Oliven halbieren und beiseitestellen.

Nach Ablauf der 30 Minuten die Kaninchenkeulen in das Wasser geben, dabei darauf achten, dass sie vollständig bedeckt sind. Das Fleisch knapp unter dem Siedepunkt etwa 2 Stunden garen.

Die Gelatine in einem Gefäß mit kaltem Wasser einweichen. Von dem Garsud 500 ml abseihen (s. S. 202) und zum Kochen bringen. Probieren und nachwürzen, falls nötig. Die Gelatineblätter aus dem Wasser nehmen, in die heiße Brühe geben und unter Rühren darin auflösen.

Das Fleisch von den Kaninchenkeulen ablösen und in Stück zupfen. Ein Drittel der Fleischstücke in die Form füllen und mit der Brühe knapp bedecken.
Die Tomatenviertel darauf verteilen und knapp mit Brühe bedecken. Darauf eine weitere Schicht Fleischstücke legen, gefolgt von den Oliven; knapp mit Brühe bedecken. Mit dem restlichen Fleisch abschließen und wieder knapp mit Brühe bedecken.

Die Sülze 30 Minuten bei Raumtemperatur ruhen lassen, anschließend mit Frischhaltefolie abdecken und über Nacht in den Kühlschrank stellen. Vor dem Servieren aus der Form stürzen (s. S. 203).

ANHANG

INHALT

REZEPTE

Pasteten

Terrinen

Tourtes

Rillettes

Bratwurst & Frikadellen

Pasteten im Teig

Sülze

DAS EINMALEINS DER HAUSGEMACHTEN CHARCUTERIE

Grundlagen

Praxis

Produkte

DANK

Gilles & Nicolas Verot danken:
dem ganzen Team von »Maison Verot«,
das sich jeden Tag für gute Charcuterie ins Zeug legt;
Emmanuel Le Vallois, der sich von Anfang an
für dieses Projekt begeistert hat;
Hélène Sevin, Aude Le Pichon, Sabine Houplain und Benoit Berger
sowie dem gesamten wunderbaren Team des Verlagshauses Éditions du Chêne;
David Japy, in dem wir einen Geistesverwandten
gefunden haben, für die Rezeptfotos;
Éliane Cheung, die unseren Produkten mit ihren großartigen
Illustrationen Leichtigkeit und Eleganz verliehen hat;
sowie allen, die sich die Zeit genommen haben,
jeweils ein Rezept auszuprobieren und zu kommentieren.

Christine Legeret und David Japy danken:
Le Creuset (www.lecreuset.fr) – La Trésorerie (www.latresorerie.fr)
Maison empereur (www.empereur.fr) – Peugeot (www.peugeot-saveurs.com)
Perceval (www.couteau.com) – Staub (www.zwilling.com/fr/staub).

◆ ◆ ◆

Verantwortlich: Susanne Caesar
Lektorat und Satz: Carmen Söntgerath
Übersetzung aus dem Französischen: Sibylle Segovia
Umschlagadaption: Regina Degenkolbe
Korrektorat: Brigitte Mirche

Printed in China

Unser komplettes Programm finden Sie unter:

www.christian-verlag.de

* * * * *

Sind Sie mit diesem Titel zufrieden? Dann würden wir uns über Ihre Weiterempfehlung freuen. Erzählen Sie es im Freundeskreis, berichten Sie Ihrem Buchhändler oder bewerten Sie bei Onlinekauf. Und wenn Sie Kritik, Korrekturen, Aktualisierungen haben, freuen wir uns über Ihre Nachricht an:

Christian Verlag GmbH
Postfach 40 02 09
D-80702 München
oder per E-Mail an
lektorat@verlagshaus.de

In diesem Buch wird aus Gründen der besseren Lesbarkeit das generische Maskulinum verwendet. Weibliche und anderweitige Geschlechteridentitäten werden dabei ausdrücklich mitgemeint, soweit es für die Aussage erforderlich ist.

Die Deutsche Nationalbibliothek verzeichnet diese Publikation in der Deutschen Nationalbibliografie; detaillierte bibliografische Daten sind im Internet über http://dnb.de abrufbar.

Die französische Originalausgabe mit dem Titel *Terrines, Rillettes, Saucisses & Pâtés croûte. 89 recettes de charcuterie maison* erschien erstmals 2020 bei Éditions du Chêne, Hachette Livre, Vanves, Frankreich.
www.editionsduchene.fr

Direction: Emmanuel Le Vallois
Direction artistique: Sabine Houplain
Typographie et design: Bureau Berger
Édition: Hélène Sevin assistée de Aude Le Pichon
Motif des pages de garde: studio Blackadder
Stylisme: Christine Legeret

ISBN 978-3-95961-579-2